Schneller auf dem Teller

Gut kochen in Rekordzeit

TEXT: ANGELIKA ILIES
FOTOS: THORSTEN SUEDFELS

Inhalt

Vorwort 7
Schnelle Küche leicht gemacht .. 8

Salate & Suppen 10
Nudeln & Reis 32
Vegetarisch 56
Fisch 78
Fleisch 98
Süßes 120

Rezeptregister 140

Schnell, frisch, unkompliziert

Sie haben nach einem stressigen Tag keine Lust, lange in der Küche zu stehen, möchten aber trotzdem etwas Gutes kochen? Ihnen fehlt die Zeit, durch verschiedene Läden oder über den Markt zu streifen, um groß einzukaufen? Ihnen schmecken Hähnchenschnitzel mit Schupfnudeln, ein knackiger Salat mit Ziegenkäse oder Spaghetti mit Radicchio besser als Pommes mit Burger, eine Fertigpizza oder ein Brathähnchen vom Imbissstand? Dann geht es Ihnen ähnlich wie mir – und dann ist dieses Buch genau richtig für Sie!

»Schneller auf dem Teller«, das ist das Motto für meine gesammelten Turbo-Rezepte. Sie sind aus der Idee entstanden, auch mit wenig Zeit und ohne großen Aufwand für meine Familie zu kochen. Deshalb stehen alle Gerichte in maximal 30 Minuten auf dem Tisch und sind so konzipiert, dass sie selbst weniger Geübten auf Anhieb gelingen. Auch bei den Zutaten habe ich mir ein Limit gesetzt: maximal zehn, das muss reichen! Vor allem sind diese Zutaten so ausgewählt, dass man sie in jedem Supermarkt bekommt – denn eine clevere Blitzküche fängt schon beim stressfreien Einkauf an!

Natürlich lassen sich in 30 Minuten weder hausgemachter Pizzateig noch ein traditionelles Gulasch zubereiten. Aber zum Glück gibt es Alternativen für eilige Köche, und damit sind keine Fertiggerichte gemeint. Ob Schupfnudeln oder Gnocchi aus dem Kühlregal, ob Garnelen oder Gemüse aus der Tiefkühltruhe: Geschickt mit Frischem kombiniert, wird Vorgefertigtes zu überraschenden – und vor allem überraschend leckeren – Tellergerichten. Bei einigen Rezepten gibt es Tipps zu Beilagen oder eine Variante, die Sie ausprobieren können, wenn Sie mal mehr Zeit haben. Und wenn umgekehrt jede Minute zählt, steht in den Turbo-Tipps, wie Sie die Zubereitungszeit rekordverdächtig reduzieren können. Damit noch mehr Zeit zum Genießen, für Familie und Freunde bleibt.

Ich wünsche Ihnen viel Spaß beim Nachkochen!

Angelika Ilies

Schnelle Küche leicht gemacht

In der Blitzküche ist gute Planung das A und O. Nichts ist nerviger und zeitraubender, als während des Kochens nach Zutaten und Geräten zu suchen. Deshalb sollten Sie, bevor Sie loslegen, das Rezept genau studieren und alles, was Sie benötigen, in Griffnähe bereitlegen. Wenn Sie dann die einzelnen Zubereitungsschritte chronologisch befolgen, können Sie sicher sein, das alles gleichzeitig fertig ist. Die Rezepte sind so konzipiert, dass es kaum Wartezeiten gibt: Während das Fleisch in der Pfanne brät, wird z. B. die Beilage zubereitet. Und wenn es doch mal Verzögerungen gibt, kann man zwischendurch schon Töpfe und Utensilien, die man nicht mehr benötigt, säubern: Dann geht später auch das Aufräumen schneller!

Was Eilige im Vorrat haben sollten

Wer die richtigen Basics im Vorrat hat, kann diese mit wenigen frischen Zutaten ganz schnell zu raffinierten Gerichten kombinieren. Perfekt für Berufstätige, die oft am Wochenende groß einkaufen und dann in der Mittagspause oder auf dem Nachhauseweg nur noch schnell ein paar Kleinigkeiten besorgen müssen. Kartoffeln, Zwiebeln und Knoblauch hat man eh meist im Haus, ebenso Zucker und Mehl. Daneben gibt es einige Favoriten, die man immer zur Hand haben sollte – und die die schnelle Küche manchmal sogar noch etwas beschleunigen können:

Nudeln & Reis
Nudeln und Reis sind einfach unverzichtbar. Wichtig für eilige Köche: Dünne Nudeln sind schneller gar als dicke und frische noch schneller als getrocknete. Asien-Fans sollten Reis- und Glasnudeln nicht vergessen. Wer gern Reis isst, der greift zu Schnellkochreis oder Express-Reissorten, die bereits gegart angeboten werden und nur noch erwärmt werden müssen.

Tomaten
Gibt es in Dosen und Tetrapaks in unzähligen Variationen, ob geschält, gehackt, pur oder gewürzt. Sie sollten in keinem Vorratsschrank fehlen. Häufig haben Dosentomaten mehr Aroma als frische, vor allem sind sie blitzschnell einsatzbereit für Suppen, Saucen, Dips und mehr.

Tiefgefrorenes
Gemüse, Kräuter und Beeren sind ebenso wie Garnelen und Fischfilets optimale Zutaten für die schnelle Küche. Aber Achtung: Stets die Auftauzeiten mit bedenken – sonst wird's nichts mit der Blitzmahlzeit.

Kartoffel- und Nudelprodukte aus dem Kühlregal
Ob Schupfnudeln oder Gnocchi, Kloßteig oder Spätzle – das Angebot ist groß und wird immer größer. Legen Sie stets ein oder zwei Packungen Ihrer Favoriten in den Kühlschrank, die Einsatzmöglichkeiten sind riesig.

Milchprodukte
Butter, Milch, Eier, Joghurt oder Crème fraîche gehören in jeden Kühlschrank. Frischkäse kann Saucen und Suppen verfeinern, Parmesan nicht nur Nudeln toppen. Übrigens:

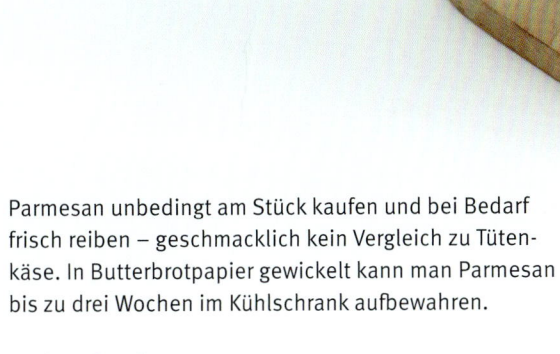

Parmesan unbedingt am Stück kaufen und bei Bedarf frisch reiben – geschmacklich kein Vergleich zu Tütenkäse. In Butterbrotpapier gewickelt kann man Parmesan bis zu drei Wochen im Kühlschrank aufbewahren.

Hülsenfrüchte

Bohnen, Erbsen und Kichererbsen sind nur als Konserve geeignet für unsere »schnellen Teller«, dann aber richtig gut. Allein einige Linsensorten (z. B. gelbe und rote) können auch getrocknet in den Topf und sind nach wenigen Minuten gar.

Eingelegtes

Getrocknete Tomaten, Artischocken, Oliven, Kapern, grüne Pfefferkörner, Muscheln, Garnelen, Thunfisch, Sardellenfilets: Mit in Öl oder pikanter Marinade Eingelegtem kann man vielen Gerichten im Handumdrehen einen raffinierten Touch geben.

Essig und Öl

Je eine Flasche Aceto balsamico und Weißweinessig gehören zur Grundausstattung, und auch bei Ölen empfiehlt es sich, verschiedene Sorten im Haus zu haben: neutrales Öl wie Sonnenblumenöl zum Braten und aromatisches Oliven- oder Kürbiskernöl zum Verfeinern – auch noch am Tisch.

Gewürze

Schon eine Prise Safran, Curry oder Kreuzkümmel bringt eine völlig neue Note ans Essen. Egal, welche Gewürze Sie bevorzugen, man sollte immer nur kleine Mengen einkaufen und diese gut verschlossen und dunkel lagern. Wahre Würzwunder sind auch Tomatenmark, Pesto, Ajvar oder Senf, die im Nu für geschmackliche Abwechslung sorgen.

Geräte für die Turbo-Küche

Gutes Handwerkszeug erleichtert und beschleunigt jede Arbeit – auch das Kochen! Man braucht für die schnelle Küche keinen High-Tech-Herd und keine Designer-Küchenmaschine, es reicht eine ganz normale Grundausstattung. Einige Utensilien können einem beim Zeitsparen aber gute Dienste leisten:

Scharfe Messer sind unverzichtbar. Im Trio sind sie stark: ein kleines Schälmesser zum Putzen, ein mittelgroßes mit 15 bis 20 cm langer Klinge für die Vielzahl der Handgriffe und ein noch größeres zum Schneiden und Hacken.

Als Unterlage ein großes Holz- oder Kunststoffbrett verwenden. Praktisch: biegsame Auflagen, mit denen darauf geschnittene Zutaten blitzschnell und sauber in Topf oder Pfanne gegeben werden können.

Eine Reibe mit verschiedenen Einsätzen schafft im Nu gleichmäßige Raspel, Streifen oder Scheiben. Beim Neukauf darauf achten, dass die Reibe einfach zu reinigen ist.

Pürierstab und Handrührgerät zum Pürieren und Aufschlagen sollten in keinem Haushalt fehlen. Kaufen Sie am besten ein Kombigerät.

Töpfe und Pfannen in unterschiedlicher Größe sollten einen dicken schweren Boden haben, damit sich die Hitze gut verteilt. Bei Pfannen am besten eine mit Antihaftbeschichtung für sanftes und eine aus Edelstahl für kräftiges Braten wählen.

Blitzhacker zerkleinern Zwiebeln, Nüsse oder Käse und mahlen auch altbackene Brötchen zu Paniermehl. Wichtig: Das Gerät muss sich schnell auseinandernehmen und nach dem Bad in der Spülmaschine ebenso schnell wieder zusammenbauen lassen.

Salate & Suppen

Lust auf einen knackigen Salat oder Wärmendes zum Löffeln? Ja, bitte! Unsere Ideen stehen in Rekordzeit auf dem Tisch und überraschen durch ihre Raffinesse. Hier wird einiges geboten, aber bestimmt keine Zeit vergeudet.

Lollo rosso mit Ziegenkäse

Köstliche Komplizen: Knackiger Salat und knusprig ummantelte Käsescheiben sind die perfekten Zutaten für eine herzhafte Express-Mahlzeit.

Für 4 Personen
Pro Portion ca. 730 kcal

4 zarte Frühlingszwiebeln
1 großer Kopf Lollo rosso
200 g Kirschtomaten
4 EL Aceto balsamico
Salz | Pfeffer aus der Mühle
10 EL Olivenöl
2 Rollen Ziegenfrischkäse (à 200 g)
12 Scheiben Frühstücksspeck (ca. 250 g)

1 Die Frühlingszwiebeln waschen, putzen und in feine Ringe schneiden. Den Lollo rosso waschen, putzen, trocken schleudern und grob zerzupfen. Die Tomaten waschen, trocken tupfen und halbieren.

2 Den Essig in einer Salatschüssel mit Salz und Pfeffer verrühren, 8 EL Olivenöl mit einem Schneebesen gründlich unterschlagen. Das Dressing abschmecken.

3 Die Ziegenkäserollen in je 6 Scheiben schneiden. Jeweils mit 1 Scheibe Frühstücksspeck umwickeln und mit Pfeffer würzen. Das restliche Olivenöl in einer großen Pfanne erhitzen und die Käsepäckchen darin auf jeder Seite ca. 2 Min. braten, bis der Speck goldbraun ist.

4 Die vorbereiteten Salatzutaten mit dem Dressing mischen. Den Salat auf Teller verteilen und die gebratenen Käsepäckchen darauf anrichten.

»»» Und beim nächsten Mal …

Ersetzen Sie den Ziegenkäse einfach durch überbackene Ciabattascheiben: Dafür den Backofen auf 225° (Umluft 200°) vorheizen und inzwischen den Salat wie oben beschrieben vorbereiten. Dann 2 Knoblauchzehen schälen und 8 Scheiben Ciabatta damit einreiben. Die Brote mit 50 g frisch geriebenem Parmesan bestreuen, auf ein mit Backpapier ausgelegtes Backblech legen und im heißen Ofen (Mitte) ca. 5 Min. goldbraun überbacken. Statt mit Kirschtomaten kann man den Salat dann auch mit den Blättern von 1 Bund Basilikum zubereiten. «««

Internationale Favoriten wollen Ihre Teller erobern:
In Venedig liebt man den zartbitteren Radicchio, und die
feinen Hähnchenspieße sind in Indonesien allgegenwärtig.

Radicchiosalat mit Hühnerleber

Für 4 Personen
Pro Portion ca. 285 kcal

2 Zwiebeln
⅛ l Hühnerbrühe
200 g TK-Erbsen
2 Köpfe Radicchio
5 EL Aceto balsamico
Salz | Pfeffer aus der Mühle
5 EL Olivenöl
300 g Hühnerleber

1 Die Zwiebeln schälen und in Ringe schneiden. Die Brühe aufkochen, die Zwiebelringe und die gefrorenen Erbsen darin ca. 5 Min. kochen. In ein Sieb abgießen und dabei die Brühe auffangen.

2 Den Radicchio waschen, putzen und trocken schleudern, große Blätter eventuell kleiner zupfen. Auf Tellern oder einer Servierplatte auslegen. Den Essig in einer Salatschüssel mit Salz und Pfeffer verrühren. 3–4 EL Brühe unterrühren, dann 4 EL Olivenöl mit einem Schneebesen gründlich unterschlagen. Das Dressing abschmecken, die Zwiebeln und Erbsen untermischen.

3 Die Hühnerleber waschen, trocken tupfen und klein schneiden. In einer Pfanne das restliche Olivenöl erhitzen und die Leberstücke darin rundherum anbraten. Mit Salz und Pfeffer würzen und bei schwacher Hitze 2–3 Min. garen.

4 Die Zwiebeln und Erbsen mitsamt der Marinade auf den Radicchioblättern verteilen. Die Leberstücke dazugeben und den Salat sofort servieren.

Romanasalat mit Hähnchen-Saté

Für 4 Personen
Pro Portion ca. 345 kcal

400 g Hähnchenbrustfilet
3 EL Öl
Salz | Pfeffer aus der Mühle
1 Prise Chiliflocken
2 EL flüssiger Honig
2–3 Köpfe Mini-Romanasalat oder
Romana-Salatherzen
400 g Naturjoghurt
Saft von 1 Zitrone
4 EL geröstete gesalzene Erdnusskerne
Außerdem:
8 Holzspieße

1 Das Hähnchenfleisch waschen, trocken tupfen und der Länge nach in schmale Streifen schneiden. Das Öl mit Salz, Pfeffer und den Chiliflocken verquirlen. Das Fleisch darin wenden, dann ziehharmonikaartig und nicht zu eng auf die Holzspieße stecken.

2 Eine beschichtete Pfanne erhitzen, die Spieße hineinlegen und rundherum in ca. 5 Min. braun braten. Zum Schluss mit dem Honig beträufeln. Parallel dazu die Salatherzen waschen, putzen und trocken schleudern, kleiner schneiden und auf Tellern auslegen.

3 Den Joghurt mit Zitronensaft, Salz und Pfeffer verrühren, abschmecken und über den Salat träufeln. Den Salat mit den Erdnusskernen bestreuen und mit jeweils zwei Satéspießen servieren.

Mais-Zuckerschoten-Salat mit Garnelen

Für 4 Personen
Pro Portion ca. 370 kcal

300 g Zuckerschoten
Salz
1 Dose Maiskörner
(ca. 300 g Abtropfgewicht)
2 rote Zwiebeln
4 EL Weißweinessig
Pfeffer aus der Mühle
1 TL süßer Senf
6 EL Olivenöl
250 g geschälte, gegarte Garnelen

1 Die Zuckerschoten waschen und putzen, die Enden abschneiden und die Fäden an der inneren Längsseite abziehen. In wenig Salzwasser zugedeckt 4–5 Min. garen, anschließend in ein Sieb abgießen und gut abtropfen lassen.

2 Den Mais in ein Sieb abgießen und ebenfalls gut abtropfen lassen. Die Zwiebeln schälen, längs halbieren und in sehr feine Streifen schneiden.

3 Den Essig in einer Salatschüssel mit Salz, Pfeffer und Senf verrühren. 4 EL Olivenöl mit einem Schneebesen gründlich unterschlagen. Die vorbereiteten Zutaten mit dem Dressing mischen und den Salat abschmecken.

4 Parallel dazu die Garnelen kalt waschen und gut trocken tupfen. Die restlichen 2 EL Olivenöl in einer Pfanne erhitzen und die Garnelen darin 1–2 Min. braten. Mit Salz und Pfeffer würzen und mit dem Salat servieren. Dazu passen frisches Baguette oder geröstete Toastbrotscheiben.

In aller Kürze und mit viel Würze: Dem Linsensalat geben Kräuter und Limettensaft einen Frischekick, der Blumenkohlsalat erinnert mit Datteln und Kreuzkümmel an den Orient.

Avocado-Linsen-Salat

Für 4 Personen
Pro Portion ca. 700 kcal

400 ml Gemüsebrühe
200 g rote Linsen
4 reife Avocados
Saft von 1 großen Limette
Salz | Pfeffer aus der Mühle
4 EL Walnussöl oder aromatisches Olivenöl
4 EL Crema di balsamico
4 Stängel Minze oder Petersilie

1 Die Brühe in einem kleinen Topf aufkochen lassen. Die Linsen hineingeben und zugedeckt bei mittlerer Hitze gut 5 Min. köcheln lassen. Inzwischen Avocados halbieren und schälen, die Steine vorsichtig herauslösen. Die Hälften in Scheiben bzw. Schnitze schneiden und auf Tellern auslegen.

2 Den Limettensaft zu den Linsen geben und diese mit Salz und Pfeffer abschmecken. Die Linsen zu den Avocados geben. Mit Walnuss- oder Olivenöl und Crema di balsamico beträufeln, mit Salz und Pfeffer würzen.

3 Die Minze oder Petersilie waschen und trocken schütteln, die Blättchen abzupfen (große Blätter klein zupfen) und über den Salat streuen.

Blumenkohl-Dattel-Salat

Für 4 Personen
Pro Portion ca. 470 kcal

1 Blumenkohl (ca. 800 g)
Salz
200 g getrocknete Datteln
100 g geröstete gesalzene Cashewkerne
300 g griechischer Joghurt (10 % Fett)
3 EL Olivenöl
Saft von 1 Zitrone
Pfeffer aus der Mühle
1–2 TL gemahlener Kreuzkümmel

1 Den Blumenkohl waschen, putzen und in Röschen teilen. Zugedeckt in wenig Salzwasser in knapp 5 Min. sehr bissfest dünsten.

2 Inzwischen die Datteln vierteln und entsteinen. Mit den Cashewkernen mischen. Den Joghurt in einer Salatschüssel mit Olivenöl, Zitronensaft, Salz, Pfeffer und Kreuzkümmel verrühren und abschmecken.

3 Die Blumenkohlröschen in ein Sieb abgießen, kalt abbrausen und gut abtropfen lassen. Mit dem Joghurtdressing mischen. Knapp die Hälfte der Datteln und Cashewkerne ebenfalls untermischen. Den Salat mit den restlichen Datteln und Cashewkernen bestreuen.

Glasnudelsalat mit Sesam-Beef

Perfekt für eilige Asien-Fans: Ingwer, Chili und Sesam sorgen für überraschende Aromen und leichte Schärfe.

Für 4 Personen
Pro Portion ca. 460 kcal

Salz
200 g Glasnudeln
400 g Rindersteak
4 EL Öl
Pfeffer aus der Mühle
4 EL helle Sesamsamen
1 Stück Ingwer (30 g)
3 EL Zitronensaft
¼–½ TL Chiliflocken
100 ml Hühnerbrühe
350 g Chinakohl, Pak Choi oder Romanasalat

1 Etwa 2 l Wasser zum Kochen bringen und salzen. Die Glasnudeln darin 2–3 Min. kochen, in ein Sieb abgießen, kalt abbrausen und gut abtropfen lassen. Lange Glasnudeln nach Belieben mit einer Schere in Stücke schneiden.

2 Das Rindersteak in schmale Streifen schneiden. In einer Pfanne 1 EL Öl erhitzen und das Fleisch darin rundherum ca. 1 Min. braten. Mit Salz und Pfeffer würzen. Die Sesamsamen dazugeben, unterrühren und mit anrösten.

3 Den Ingwer schälen und sehr fein reiben. In einer Salatschüssel mit dem Zitronensaft, dem restlichen Öl, den Chiliflocken und der Brühe verrühren. Mit Salz abschmecken.

4 Den Chinakohl, Pak Choi oder Romanasalat waschen, putzen, trocken schleudern und in feine Streifen schneiden. Mit den Glasnudeln und dem Rindfleisch in die Salatschüssel geben und mit dem Dressing mischen. Alles noch einmal abschmecken und servieren.

⟫⟫⟫ Und beim nächsten Mal…

Der Salat lässt sich ganz leicht abwandeln und kommt so immer wieder anders auf den Tisch: Statt Rindfleisch können Sie Hähnchen- oder Putenbrustfilet verwenden. Wenn Sie Fisch bevorzugen, nehmen Sie mittelgroße geschälte Garnelen oder festfleischigen Fisch, etwa Thunfisch. Und wenn Sie auf Fleisch und Fisch verzichten möchten, braten Sie in Streifen geschnittenen Räuchertofu. ⟪⟪⟪

Spinatsuppe mit Mandeln

Olé! In Spanien liebt man Spinat ebenso wie Mandeln und die würzige Chorizowurst. Hier ist alles zum Löffeln kombiniert.

Für 4 Personen
Pro Portion ca. 390 kcal

400 g TK-Blattspinat
2 EL Olivenöl
60 g gemahlene Mandeln
2 Knoblauchzehen
¾ l Gemüsebrühe
Salz | Pfeffer aus der Mühle
100 g Sahne
100 g Chorizo (am Stück, spanische Knoblauch-Paprika-Wurst; ersatzweise Kaminwurzen oder Landjäger)
4 EL Mandelstifte

1 Den Spinat antauen lassen. In einem Topf das Olivenöl leicht erhitzen und die gemahlenen Mandeln darin goldbraun rösten. Den Knoblauch schälen und dazupressen, dann den Spinat unterrühren. Die Brühe dazugießen und alles mit Salz und Pfeffer würzen. Den Spinat komplett auftauen lassen, alles einmal aufkochen und gut 5 Min. köcheln lassen.

2 Die Suppe mit einem Pürierstab oder im Mixer pürieren und wieder aufkochen. Die Sahne unterrühren und 2–3 Min. erhitzen. Inzwischen die Chorizo in Streifen oder Würfel schneiden und in einer beschichteten Pfanne ohne Fett bei mittlerer Hitze knusprig braten. Die Mandelstifte dazugeben und mitrösten.

3 Die Suppe abschmecken, auf tiefe Teller oder Suppentassen verteilen und mit der Chorizo-Mandel-Mischung bestreuen.

⟫⟫⟫ Einkaufstipp

TK-Spinat wird mittlerweile in vielen Varianten angeboten: Oft sind Sahne und/oder Gewürze zugegeben, am feinsten und vielseitigsten aber ist pur gefrosteter Blattspinat. Fans der grünen Blätter sollten stets eine Packung vorrätig haben. Es darf ruhig eine große Packung sein, denn der Spinat ist meist in kleineren Blöcken eingefroren, sodass sich die gewünschte Menge leicht entnehmen lässt. ⟪⟪⟪

Kochen Sie doch schnell Ihr eigenes Süppchen:
Die fruchtige Tomatensuppe und der kräuterfrische
Gemüsetopf sorgen am Tisch für Urlaubslaune.

Tomatensuppe mit Avocado

Für 4 Personen
Pro Portion ca. 490 kcal

1 große Dose stückige Tomaten (800 g)
¼ l Tomatensaft oder Gemüsebrühe
Salz | Pfeffer aus der Mühle
Tabasco
1 rote Zwiebel
2 reife, nicht zu weiche Avocados
75 g saure Sahne
2 EL Schnittlauchröllchen
1 Ciabattabrot mit Oliven

1 Die Dosentomaten mit dem Tomatensaft oder der Brühe in einen Topf geben. Mit Salz, Pfeffer und etwas Tabasco würzen, aufkochen und bei schwacher Hitze ca. 5 Min. sanft köcheln lassen.

2 Die Zwiebel schälen und sehr fein würfeln. Die Avocados halbieren, entsteinen, schälen und klein würfeln. Mit den Zwiebelwürfeln mischen und mit Salz, Pfeffer und Tabasco würzen.

3 Die Tomatensuppe mit einem Pürierstab pürieren. Herzhaft abschmecken und auf tiefe Teller verteilen. Je 1 Klecks saure Sahne auf die Suppe geben, dann das Avocadotatar und ein paar Schnittlauchröllchen daraufgeben. Das Ciabattabrot in Scheiben schneiden und dazu reichen.

Gemüsetopf mit Minze

Für 4 Personen
Pro Portion ca. 155 kcal

600 g kleine Zucchini
4 Zwiebeln
3 Knoblauchzehen
1 Handvoll Minze
2 EL Olivenöl
3 EL Tomatenmark
1 l Gemüsebrühe
4 EL Mandelblättchen
Salz | Pfeffer aus der Mühle

1 Die Zucchini waschen, putzen und längs halbieren, dann quer in Scheiben schneiden. Die Zwiebeln schälen und fein würfeln. Den Knoblauch schälen. Die Minze waschen und trocken schütteln, die Blättchen abzupfen und fein schneiden.

2 In einem Topf das Olivenöl erhitzen und den Knoblauch durch die Presse dazudrücken. Die Zwiebeln hinzufügen und beides goldgelb anbraten. Die Zucchini unterrühren und leicht anbraten, dann das Tomatenmark untermischen und kurz mitbraten. Die Brühe dazugießen, aufkochen und alles zugedeckt bei mittlerer Hitze ca. 10 Min. köcheln lassen.

3 Inzwischen die Mandelblättchen in einer kleinen beschichteten Pfanne ohne Fett goldbraun rösten. Die Suppe mit Salz und Pfeffer abschmecken und zum Servieren mit den Mandelblättchen bestreuen.

Kürbissuppe mit Äpfeln und Curry

Für 4 Personen
Pro Portion ca. 150 kcal

700 g Hokkaidokürbis
1 große Zwiebel
500 g säuerliche Äpfel
1 EL Zitronensaft
2 EL Öl
1 EL Currypulver
1 l Gemüsebrühe
Salz | Pfeffer aus der Mühle
1 Bund Petersilie

1 Den Kürbis waschen, putzen und klein schneiden, die Fasern und Kerne herauskratzen. Die Zwiebel schälen und fein würfeln. Die Äpfel waschen, gut trocken reiben, vierteln und vom Kerngehäuse befreien. Zwei Apfelviertel grob raspeln, mit dem Zitronensaft mischen und beiseitestellen. Die übrigen Viertel schälen und grob würfeln.

2 In einem Topf das Öl erhitzen und die Zwiebelwürfel darin glasig dünsten. Die Kürbisstücke und Apfelwürfel hinzufügen und andünsten. Das Currypulver darüberstäuben und kurz anschwitzen, dann die Brühe dazugießen. Alles aufkochen und dann zugedeckt bei mittlerer Hitze 10–15 Min. köcheln lassen.

3 Die Suppe mit einem Pürierstab oder im Mixer pürieren. Wieder aufkochen und mit Salz und Pfeffer abschmecken. Die Petersilie waschen und trocken schütteln, die Blättchen abzupfen und grob hacken. Die Suppe auf tiefe Teller verteilen, Apfelraspel und Petersilie darübergeben.

Fertig in 15 Minuten

Fertig in 30 Minuten

Nord-Süd-Connection: In Skandinavien kombiniert man gern Bohnen mit Speck und Früchten, in der Türkei sind Schafskäse und Ajvar unverzichtbar.

Bohnensuppe mit Speck und Birnen

Für 4 Personen
Pro Portion ca. 425 kcal

1 große Dose weiße Bohnenkerne
(530 g Abtropfgewicht)
400 ml Fleischbrühe
125 g Frühstücksspeck
100 g Sahne
Salz | weißer Pfeffer aus der Mühle
½–1 TL gemahlener Fenchel
1 große feste Birne
1 Bund Schnittlauch

1 Die Bohnenkerne in ein Sieb abgießen und kalt abbrausen. Mit der Brühe in einen Topf geben, aufkochen und bei schwacher Hitze ca. 5 Min. köcheln lassen.

2 Den Frühstücksspeck in feine Streifen schneiden oder klein würfeln. In einer beschichteten Pfanne bei mittlerer Hitze langsam anbraten und dann bei etwas stärkerer Hitze knusprig ausbraten.

3 Die Bohnen in der Brühe mit einem Pürierstab glatt pürieren. Die Sahne unterrühren, alles aufkochen und mit Salz, Pfeffer und Fenchel abschmecken.

4 Die Birne waschen, gut trocken reiben, vierteln und vom Kerngehäuse befreien. Die Viertel fein würfeln und zum Speck geben. Den Schnittlauch waschen, trocken schütteln und in Röllchen schneiden. Die Suppe auf tiefe Teller verteilen, das Speck-Birnen-Topping darauf verteilen und den Schnittlauch darüberstreuen.

››› Turbo-Tipp

Ganz eilige Köche kaufen TK-Schnittlauch und bereits gewürfelten Speck oder, wenn's schlanker sein soll, magere Schinkenwürfel. ‹‹‹

Gerstentopf mit Fenchel

Für 4 Personen
Pro Portion ca. 260 kcal

1 Bund Frühlingszwiebeln
1 große Knolle Fenchel
2 EL Olivenöl
1 l Gemüsebrühe
100 g kleine Gerstengraupen (Perlgraupen)
150 g Schafskäse (Feta)
4 EL Ajvar (Paprikapaste, aus dem Glas)
1 EL Anisschnaps (z. B. Ouzo, ersatzweise etwas gemahlener Anis)
Salz | Pfeffer aus der Mühle

1 Die Frühlingszwiebeln waschen und putzen, die weißen und grünen Teile getrennt in feine Ringe schneiden. Den Fenchel waschen und putzen, das zarte Grün beiseitelegen. Die Knolle längs vierteln und in feine Streifen schneiden.

2 Das Olivenöl in einem Topf erhitzen und die weißen Frühlingszwiebelringe darin andünsten. Die Brühe dazugießen. Die Graupen unterrühren, aufkochen und zugedeckt bei schwacher Hitze ca. 10 Min. köcheln lassen.

3 Den Fenchel und die grünen Frühlingszwiebelringe dazugeben und alles ca. 10 Min. köcheln lassen. Den Schafskäse fein würfeln oder zerbröckeln und in einer Schüssel mit dem Ajvar mischen.

4 Das beiseitegelegte Fenchelgrün hacken und mit dem Anisschnaps unter den Eintopf rühren. Mit Salz und Pfeffer abschmecken. Den Eintopf auf tiefe Teller verteilen und den Schafskäse daraufgeben.

Fertig in 25 Minuten

Kastaniensuppe mit Wildspießchen

Selbst für anspruchsvolle Gäste geeignet: Diese samtige Suppe mit knusprigen Spießchen macht auch ohne großen Aufwand viel her.

Für 4 Personen
Pro Portion ca. 510 kcal

1 Zwiebel
1 EL Butter
400 g geschälte Esskastanien (Maronen, vakuumverpackt)
2 Gläser Wildfond (à 400 ml, ersatzweise Fleischbrühe)
350 g zartes Wildfleisch zum Kurzbraten (z. B. Hirsch- oder Rehfilet, ersatzweise Rinderfilet)
½ Bund Petersilie
100 g Schmand
Salz | Pfeffer aus der Mühle
1 EL Öl
Außerdem:
8 Holzspieße

1 Die Zwiebel schälen und fein würfeln. In einem großen Topf die Butter zerlassen und die Zwiebelwürfel darin andünsten. Die Esskastanien grob hacken und hinzufügen. Den Fond dazugießen, aufkochen und alles zugedeckt bei schwacher Hitze ca. 10 Min. sanft köcheln lassen.

2 Das Wildfleisch in lange, schmale Streifen schneiden und sehr locker auf die Spieße stecken. Die Petersilie waschen und trocken schütteln, die Blättchen abzupfen und grob hacken.

3 Die Suppe mit einem Pürierstab oder im Mixer glatt pürieren. Wieder aufkochen, den Schmand einrühren und die Suppe mit Salz und Pfeffer abschmecken.

4 Das Öl in einer Pfanne erhitzen und die Spieße darin rundherum 1–2 Min. braten, dabei mit Salz und Pfeffer würzen. Zum Servieren je zwei Spießchen auf die Suppe geben und die Petersilie darüberstreuen.

»»» Und beim nächsten Mal ...

Die Kastaniensuppe schmeckt auch vegetarisch superlecker. Wer auf Fleisch verzichten möchte, ersetzt den Wildfond durch Gemüsebrühe und serviert die Suppe nicht mit Wildspießchen, sondern mit knusprigen Pilzen. Dafür 200 g Champignons oder Pfifferlinge putzen, trocken abreiben, klein schneiden und in etwas zerlassener Butter bei starker Hitze 2–3 Min. braten. Mit Salz und Pfeffer würzen und auf die Suppe geben. «««

Nudeln & Reis

Schneller als der Hunger: Nudeln sind echte Allrounder und perfekt für die Turbo-Küche, aber auch Reis kann bei eiligen Köchen punkten. Wählen Sie zwischen fixen Klassikern und aufregenden neuen Kreationen – zum Wiederentdecken oder frisch Verlieben.

Tagliatelle mit Kerbel-Käse-Sauce

Frühlingsfrischer Nudelgenuss: Zart-würziger Kerbel peppt die Sahnesauce ordentlich auf. Ebenso gut schmeckt's mit Petersilie.

Für 4 Personen
Pro Portion ca. 615 kcal

1 Bund Frühlingszwiebeln
2 TL Butter
1 TL Mehl
100 g Sahne
100 g Frischkäse
Salz
500 g Tagliatelle
1 Handvoll Kerbel
Pfeffer aus der Mühle
4 EL frisch gehobelter Parmesan

1 Reichlich Wasser für die Nudeln zum Kochen bringen. Inzwischen die Frühlingszwiebeln waschen, putzen und in feine Ringe schneiden. Die Butter in einem Topf zerlassen und die Frühlingszwiebeln darin andünsten. Das Mehl darüberstäuben und mit anschwitzen, dann unter Rühren 1/8 l Wasser angießen. Die Sahne und den Frischkäse unterrühren und alles 3–4 Min. sanft köcheln lassen. Das Nudelwasser salzen und die Tagliatelle darin nach Packungsanweisung bissfest garen.

2 Inzwischen den Kerbel waschen, trocken schütteln und die Blättchen abzupfen. Einige Blättchen zum Garnieren beiseitelegen, den Rest grob hacken. Unter die Sauce rühren und diese mit Salz und Pfeffer abschmecken.

3 Die Nudeln in ein Sieb abgießen und gut abtropfen lassen. Mit der Kerbelsauce mischen und auf tiefen Tellern anrichten, den gehobelten Parmesan darübergeben.

»»» Und beim nächsten Mal ...

Die feine Käsesauce lässt sich im Handumdrehen immer wieder abwandeln: Mischen Sie z. B. mal 100 g feine Schinkenstreifen darunter. Oder nehmen Sie statt Kerbel gehackte Petersilie oder fein geschnittenes Basilikum. Mehr Würze bekommt die Sauce, wenn Sie einen Teil des Frischkäses durch kräftigen Edelpilzkäse wie Gorgonzola ersetzen. Zur Verfeinerung darf es auch gern ein bisschen Sherry sein. «««

Spaghetti mit Radicchio

Für 4 Personen
Pro Portion ca. 630 kcal

2 Köpfe Radicchio
1 rote Zwiebel
2 Knoblauchzehen
1 kleine Bio-Zitrone
Salz
500 g Spaghetti
5 EL Olivenöl
Pfeffer aus der Mühle
1 Prise Chiliflocken
50 g Parmesan (am Stück)

1 Reichlich Wasser für die Nudeln zum Kochen bringen. Inzwischen den Radicchio waschen, putzen und gut trocken schleudern, die Blätter in breite Streifen schneiden. Die Zwiebel schälen, längs halbieren und in dünne Streifen schneiden. Den Knoblauch schälen und durch die Presse drücken. Die Zitrone heiß waschen und abtrocknen, 1 TL Schale abreiben und den Saft auspressen.

2 Das Nudelwasser salzen und die Spaghetti darin nach Packungsanweisung bissfest garen. Während die Nudeln kochen, das Olivenöl in einer breiten Pfanne erhitzen. Zwiebeln und Knoblauch darin leicht anbraten. Den Radicchio unterrühren, mit Salz, Pfeffer, Zitronenschale und -saft und Chiliflocken würzen.

3 Die Spaghetti in ein Sieb abgießen, gut abtropfen lassen und mit dem Radicchiogemüse anrichten. Den Parmesan mit einem Sparschäler in groben Spänen darüberhobeln.

Fertig in **20** Minuten

Fertig in **15** Minuten

Fertig in **20** Minuten

So schnell kann man sich wie in Italien fühlen:
Nudeln mit roher Tomaten- oder sahniger Safransauce
sind fix gemacht und einfach unwiderstehlich gut!

Spaghettini mit Tomatensauce

Für 4 Personen
Pro Portion ca. 595 kcal

600 g reife, aromatische Tomaten
2 Knoblauchzehen
6 Stängel Petersilie
75 g entsteinte schwarze Oliven
Salz | Pfeffer aus der Mühle
4 EL aromatisches Olivenöl
500 g Spaghettini

1 Reichlich Wasser für die Nudeln zum Kochen bringen. Inzwischen die Tomaten über Kreuz einritzen und kurz in das kochende Wasser legen. Mit einem Schaumlöffel herausheben, abtropfen lassen und die Haut abziehen. Die Tomaten entkernen und in kleine Würfel schneiden.

2 Den Knoblauch schälen und fein hacken oder durch die Presse drücken. Die Petersilie waschen und trocken schütteln, die Blättchen abzupfen und grob hacken. Die Oliven halbieren oder vierteln. Alles zu den Tomaten geben und mit Salz, Pfeffer und Olivenöl mischen.

3 Das Nudelwasser salzen und die Spaghettini darin nach Packungsanweisung bissfest garen. In ein Sieb abgießen und gut abtropfen lassen. In einer großen Schüssel mit der Tomatensauce mischen und auf tiefe Teller oder Schälchen verteilen.

Safrannudeln mit Mozzarella

Für 4 Personen
Pro Portion ca. 710 kcal

4 Schalotten
40 g Butter
2 Döschen Safranpulver oder 2 Tütchen Safranfäden (à 0,2 g)
⅛ l trockener Weißwein
100 g Sahne
Salz | Pfeffer aus der Mühle
500 g grüne Bandnudeln
1 Kugel Büffel-Mozzarella (125 g)
einige Blättchen Basilikum

1 Reichlich Wasser für die Nudeln zum Kochen bringen. Inzwischen die Schalotten schälen und fein würfeln. Die Butter in einer breiten Pfanne zerlassen und die Schalotten darin glasig dünsten. Den Safran einrühren, mit Wein und Sahne ablöschen. Mit Salz und Pfeffer würzen und leicht köcheln lassen.

2 Das Nudelwasser salzen und die Nudeln darin nach Packungsanweisung bissfest garen. Den Mozzarella abtropfen lassen und klein würfeln. Die Basilikumblättchen waschen und trocken tupfen.

3 Die Nudeln in ein Sieb abgießen und gut abtropfen lassen. Unter die Safransauce mischen. Die Mozzarellawürfel unterziehen und leicht schmelzen lassen. Mit Salz und Pfeffer abschmecken, auf tiefe Teller verteilen und mit Basilikum garniert servieren.

»»» Tipp

Die Nudeln schmecken übrigens auch gut als Beilage zu Steaks oder Schnitzeln. Dann reicht diese Menge für 6–8 Portionen. Als Beilage für 4 Personen können Sie einfach das halbe Rezept zubereiten. «««

Tortellini mit Spinat-Käse-Sauce

Zum Dahinschmelzen: Gefüllte Tortellini aus dem Kühlregal werden gekrönt mit einer Sauce aus Spinat und kräftigem Gorgonzola.

Für 4 Personen
Pro Portion ca. 490 kcal

2 Zwiebeln
2 EL Olivenöl
300 g TK-Rahmspinat
100 g Gorgonzola oder anderer Edelpilzkäse
Salz | Pfeffer aus der Mühle
500 g Käse-Tortellini (aus dem Kühlregal)
4 EL Pinienkerne

1 Reichlich Wasser für die Tortellini zum Kochen bringen. Inzwischen die Zwiebeln schälen und fein würfeln. Das Olivenöl in einem Topf erhitzen und die Zwiebelwürfel darin glasig dünsten. Den gefrorenen Rahmspinat dazugeben, unter Rühren auftauen und einmal aufkochen lassen. Den Gorgonzola grob würfeln und darin schmelzen lassen. Mit Salz und Pfeffer würzen.

2 Das Nudelwasser salzen und die Tortellini darin nach Packungsanweisung bissfest garen. Die Pinienkerne in einer beschichteten Pfanne ohne Fett goldbraun rösten. Herausnehmen und beiseitestellen.

3 Die Tortellini mit einem Schaumlöffel aus dem Wasser heben, gut abtropfen lassen und auf Teller verteilen. Die Spinat-Käse-Sauce und die Pinienkerne darübergeben.

»» Einkaufstipp

Neben den klassischen Tortellini haben auch andere gefüllte Nudeln den Weg über die Alpen in unsere Kühlregale gefunden. Das Angebot ist groß – Nudelfans sollten stets ein oder zwei Packungen im Kühlschrank haben. Vielleicht eine Packung Tortellini mit Fleischfüllung und eine Packung Cappelletti mit Ricotta? Die hier vorgestellte Spinatsauce passt zu fast allen Varianten. «««

Käsespätzle italienische Art

Für 4 Personen
Pro Portion ca. 515 kcal

2 rote Zwiebeln
8 getrocknete Tomaten (in Öl)
4 eingelegte Piri-Piri-Schoten
(ersatzweise Peperoni)
½ Bund Basilikum
3 EL Olivenöl
4 EL Pinienkerne
500 g Spätzle (aus dem Kühlregal)
1 Kugel Büffel-Mozzarella (125 g)
Salz | Pfeffer aus der Mühle

1 Die Zwiebeln schälen, längs halbieren und in dünne Streifen schneiden. Die Tomaten abtropfen lassen und ebenso wie die Piri-Piri-Schoten in feine Streifen schneiden. Das Basilikum waschen und trocken schütteln, die Blättchen abzupfen und grob zerschneiden.

2 Das Olivenöl in einer breiten Pfanne erhitzen, die Zwiebeln und Pinienkerne darin bei mittlerer Hitze 1–2 Min. anbraten. Tomaten, Piri-Piri-Schoten und Spätzle dazugeben, etwas Wasser angießen und alles unter Rühren knapp 5 Min. garen.

3 Den Mozzarella abtropfen lassen, klein würfeln und mit dem Basilikum unter die Spätzle mischen. Alles mit Salz und Pfeffer würzen und ganz kurz erhitzen, bis der Mozzarella leicht geschmolzen ist.

»»» Mehr Zeit?

Wenn es mal nicht ganz so fix gehen muss, kann man die Spätzle natürlich auch selber machen: 400 g Mehl mit 4 Eiern, 1 TL Salz und 50–75 ml Wasser zu einem glatten, geschmeidigen Teig verkneten (am besten geht das mit den Knethaken des Handrührgeräts oder in der Küchenmaschine). Den Teig ca. 15 Min. quellen lassen, dann vom Brett in kochendes Salzwasser schaben. Nicht-Schwaben verwenden vermutlich lieber eine Spätzlepresse oder einen -hobel. In jedem Fall sind die Spätzle fertig, wenn sie an der Oberfläche schwimmen. «««

Das macht Lust auf Meer: Der Gang zum Fischhändler ist hier überflüssig, denn Tiefkühlpackungen und Dosen halten alles bereit, was für perfekte Pastagerichte nötig ist.

Spaghetti mit Meeresfrüchten

Für 4 Personen
Pro Portion ca. 570 kcal

2 Frühlingszwiebeln
2 Knollen Fenchel (à ca. 150 g)
2 EL Olivenöl
4 EL Tomatenmark
300 g gemischte TK-Meeresfrüchte
Salz
500 g Spaghetti
Pfeffer aus der Mühle
abgeriebene Schale von ½ Bio-Zitrone

1 Reichlich Wasser für die Nudeln zum Kochen bringen. Inzwischen die Frühlingszwiebeln waschen, putzen und in feine Ringe schneiden. Den Fenchel waschen und putzen, das zarte Grün beiseitelegen. Die Knollen längs vierteln und in feine Streifen schneiden.

2 Das Olivenöl in einer breiten Pfanne erhitzen, Frühlingszwiebeln und Fenchel darin leicht anbraten. Das Tomatenmark einrühren und kurz mitbraten, dann die gefrorenen Meeresfrüchte dazugeben. Unter häufigem Rühren bei mittlerer Hitze gut 5 Min. erst auftauen lassen, dann braten. Gleichzeitig das Nudelwasser salzen und die Spaghetti darin nach Packungsanweisung bissfest garen. In ein Sieb abgießen, gut abtropfen lassen und wieder in den Topf geben.

3 Die Meeresfrüchte-Fenchel-Mischung mit Salz und Pfeffer abschmecken. Mit den Spaghetti mischen und auf tiefe Teller verteilen. Das Fenchelgrün und die Zitronenschale darüberstreuen.

Penne mit Thunfisch

Für 4 Personen
Pro Portion ca. 645 kcal

400 g ungewürztes TK-Mischgemüse
(z. B. Farmer- oder Königsgemüse)
Salz
500 g Penne
1 Knoblauchzehe
1 Dose Thunfisch (in Öl, ca. 180 g)
1 kleine Dose stückige Tomaten (400 g)
2–3 EL gemischte TK-Kräuter
(z. B. italienische Art)
Pfeffer aus der Mühle

1 Reichlich Wasser für die Nudeln zum Kochen bringen. Inzwischen das Gemüse nach Packungsanweisung zubereiten. Das Nudelwasser salzen und die Penne darin nach Packungsanweisung bissfest garen.

2 Den Knoblauch schälen und zum Gemüse pressen. Den Thunfisch abtropfen lassen und mit einer Gabel zerpflücken. Mit den Dosentomaten und den Kräutern unter das Gemüse mischen. Mit Salz und Pfeffer würzen.

3 Die Penne in ein Sieb abgießen und gut abtropfen lassen. Mit der Thunfisch-Gemüse-Mischung servieren.

Pasta »Saltimbocca«

Überraschend anders: Die beliebte Kombination aus zartem Fleisch, deftigem Schinken und Salbei präsentiert sich diesmal als Nudelsauce.

Für 4 Personen
Pro Portion ca. 640 kcal

350 g Kalbsschnitzel
100 g geräucherter Schinken (z. B. Parmaschinken)
25 Salbeiblätter
Salz
500 g Nudeln (z. B. Penne oder kurze Makkaroni)
2 EL Olivenöl
1 EL Butter
1 Knoblauchzehe
Pfeffer aus der Mühle

1 Reichlich Wasser für die Nudeln zum Kochen bringen. Inzwischen die Kalbsschnitzel in feine Streifen schneiden. Den Schinken ebenfalls in Streifen schneiden. Den Salbei waschen und trocken tupfen.

2 Das Nudelwasser salzen und die Nudeln darin nach Packungsanweisung bissfest garen. Parallel dazu das Olivenöl und die Butter in einer breiten Pfanne nicht zu stark erhitzen. Den Knoblauch schälen und dazupressen. Schinken und Salbei hinzufügen und unter Rühren 1 Min. anbraten, dann an den Pfannenrand schieben. Das Fleisch in die Mitte der Pfanne geben und unter gelegentlichem Rühren ca. 2 Min. braten.

3 Die Zutaten in der Pfanne mischen und mit Salz und Pfeffer würzen. Die Nudeln in ein Sieb abgießen, gut abtropfen lassen und mit den übrigen Zutaten anrichten.

»»» Turbo-Tipp

Wer noch mehr Zeit sparen will, kauft statt der Kalbsschnitzel bereits klein geschnittenes Fleisch. Wenn es kein Kalbfleisch gibt oder Sie weniger ausgeben möchten, nehmen Sie Geschnetzeltes von Schwein oder Pute. «««

Fertig in 20 Minuten

Fertig in **20** Minuten

Fertig in **25** Minuten

Nichts für sanfte Gemüter: Ob würzige Salami und Paprika oder Lammfleisch mit Sellerie und Tomaten – auf diese Saucen sind garantiert alle scharf!

Makkaroni ungarische Art

Für 4 Personen
Pro Portion ca. 765 kcal

250 g Salami (am Stück)
4 Zwiebeln
2 EL Schweine- oder Butterschmalz
1 Knoblauchzehe
1 EL edelsüßes Paprikapulver
⅛ l trockener Rotwein oder Fleischbrühe
Salz | Pfeffer aus der Mühle
2 TL getrockneter Oregano
500 g Makkaroni

1 Reichlich Wasser für die Nudeln zum Kochen bringen. Inzwischen die Salami in 1–2 cm große Würfel schneiden. Die Zwiebeln schälen und fein würfeln.

2 Das Schmalz in einer Pfanne erhitzen, die Salami- und Zwiebelwürfel darin unter Rühren anbraten. Den Knoblauch schälen und dazupressen. Das Paprikapulver einrühren und kurz anbraten, dann mit Wein oder Brühe ablöschen. Mit Salz, Pfeffer und Oregano würzen und zugedeckt bei mittlerer Hitze ca. 10 Min. köcheln lassen.

3 Inzwischen das Nudelwasser salzen und die Makkaroni darin nach Packungsanweisung bissfest garen. Die Nudeln in ein Sieb abgießen und gut abtropfen lassen. Die Salami-Zwiebel-Mischung abschmecken und mit den Nudeln servieren.

Linguine mit Lammragout

Für 4 Personen
Pro Portion ca. 705 kcal

300 g Lammrückenfilet (Lammlachse)
2 Stangen Staudensellerie
2 Möhren
1 Zwiebel
5 EL Olivenöl
1 kleine Dose geschälte Tomaten (400 g)
⅛ l trockener Rotwein oder Gemüsebrühe
Salz | Pfeffer aus der Mühle
500 g Linguine

1 Reichlich Wasser für die Nudeln zum Kochen bringen. Inzwischen das Lammfleisch von den Sehnen befreien und in kleine Würfel schneiden. Den Sellerie waschen und putzen, ein paar Blätter Selleriegrün zum Garnieren beiseitelegen. Die Möhren und die Zwiebel schälen und alles fein hacken.

2 Das Olivenöl in einer Pfanne erhitzen und das Fleisch darin ca. 1 Min. anbraten. Das vorbereitete Gemüse unterrühren und mit anbraten, dann die Dosentomaten und den Wein oder die Brühe untermischen. Mit Salz und Pfeffer würzen und zugedeckt ca. 10 Min. köcheln lassen.

3 Währenddessen das Nudelwasser salzen und die Linguine darin nach Packungsanweisung bissfest garen. In ein Sieb abgießen und gut abtropfen lassen. Die Nudeln mit dem Lammragout anrichten und mit dem Selleriegrün bestreuen.

Gebratener Paprikareis mit Lamm-Nuggets

Für 4 Personen
Pro Portion ca. 435 kcal

250 g 10-Minuten-Reis
Salz
300 g Lammrückenfilet (Lammlachse)
3 Knoblauchzehen
5 EL Olivenöl
Pfeffer aus der Mühle
2–3 bunte Paprikaschoten
2 Tomaten
1 Bund Petersilie

1 Den Reis nach Packungsanweisung in Salzwasser garen. Inzwischen das Lammfleisch von den Sehnen befreien und in 2–3 cm große Würfel schneiden. Den Knoblauch schälen, durch die Presse drücken und mit Olivenöl und Pfeffer verrühren. Die Lammwürfel in der Marinade wenden.

2 Die Paprikaschoten halbieren, Trennwände und Kerne entfernen, die Hälften waschen und in feine Streifen schneiden. Die Tomaten waschen, trocken tupfen und klein würfeln, dabei Stielansätze und Kerne entfernen. Die Petersilie waschen und trocken schütteln, die Blättchen abzupfen und grob hacken.

3 Eine breite Pfanne erhitzen. Das Fleisch mit der Marinade in die Pfanne geben und rundherum ca. ½ Min. scharf anbraten. Die Paprikaschoten hinzufügen und ebenfalls anbraten. Den Reis eventuell abtropfen lassen und in die Pfanne geben. Alles 3–4 Min. zusammen braten und herzhaft abschmecken. Zum Schluss die Tomatenwürfel mit der Petersilie mischen und über die Reispfanne geben.

Zitronenreis mit Garnelen

Quick and easy: Dieses exotische Reisgericht ist so unkompliziert, dass man sich auch im Alltag mal was Besonderes gönnen kann.

Für 4 Personen
Pro Portion ca. 580 kcal

300 g Basmatireis
Salz
1 grüne Chilischote
1 Bio-Zitrone
75 g Sultaninen
75 g Cashewkerne
250–300 g geschälte, gegarte Garnelen
4 EL Öl
2 EL gemahlene Kurkuma
Pfeffer aus der Mühle

1 Den Reis nach Packungsanweisung in Salzwasser in 10–15 Min. bissfest garen. Inzwischen die Chilischote halbieren, entkernen, waschen und fein hacken.

2 Die Zitrone heiß waschen und abtrocknen. Die Schale in feinen Spänen abziehen oder abreiben und den Saft auspressen. Die Sultaninen in einem Sieb unter warmem Wasser waschen und abtropfen lassen. Die Cashewkerne etwas kleiner hacken. Die Garnelen waschen und mit Küchenpapier gut trocken tupfen.

3 In einer breiten Pfanne 3 EL Öl nicht zu stark erhitzen. Cashewkerne, Kurkuma und Chili einrühren. Den Reis abtropfen lassen und dazugeben. Zitronenschale und Sultaninen hinzufügen und bei schwacher Hitze 2–3 Min. erhitzen.

4 Parallel dazu das restliche Öl in einer zweiten Pfanne erhitzen und die Garnelen darin rundherum ca. 1 Min. braten. Mit Salz, Pfeffer und dem Zitronensaft würzen. Die Garnelen zum Servieren unter den Reis heben.

»»» Turbo-Tipp

Verwenden Sie Kurzzeit-Reis oder schon fertig gegarten Reis aus einem Folienbeutel – dann steht das Essen noch schneller auf dem Tisch. «««

Hier kommt alles aus einer Pfanne: Mal gibt es eine Blitz-Paella mit Hähnchen und Meeresfrüchten, dann werden schneller Reis und Gemüse mit Schafskäse überbacken.

Gemischte Bulgur-Paella

Für 4 Personen
Pro Portion ca. 580 kcal

2 große Zwiebeln
400 g Hähnchenbrustfilet
4 EL Olivenöl
Salz | Pfeffer aus der Mühle
350 g Bulgur
300 g gemischte TK-Meeresfrüchte
700 ml Hühnerbrühe
1 Döschen Safranpulver
oder 1 Tütchen Safranfäden (0,2 g)
2 EL frisch gehackte Petersilie

1 Die Zwiebeln schälen und fein würfeln. Das Hähnchenfleisch kalt waschen, trocken tupfen und in mundgerechte Würfel oder Streifen schneiden.

2 In einer breiten Pfanne 2 EL Olivenöl erhitzen und das Hähnchenfleisch darin rundherum goldbraun anbraten. Mit Salz und Pfeffer würzen, aus der Pfanne nehmen und beiseitestellen.

3 Das restliche Olivenöl in der Pfanne erhitzen und die Zwiebelwürfel darin glasig dünsten. Den Bulgur unterrühren, dann die Meeresfrüchte untermischen und die Brühe dazugießen. Mit Salz, Pfeffer und Safran würzen und unter häufigem Rühren bei mittlerer Hitze ca. 8 Min. garen. Eventuell noch etwas Wasser angießen, wenn die Mischung zu trocken wird.

4 Das angebratene Hähnchenfleisch unter die Bulgur-Meeresfrüchte-Mischung rühren. Alles noch einmal aufkochen lassen, abschmecken und mit Petersilie bestreut servieren.

Reis-Auberginen-Pfanne

Für 4 Personen
Pro Portion ca. 560 kcal

1 Zwiebel
2 kleine Auberginen
3 EL Olivenöl
350 g 10-Minuten-Reis
1 EL getrockneter Thymian
750–900 ml Gemüsebrühe
125 g entsteinte grüne Oliven
Salz | Pfeffer aus der Mühle
200 g Schafskäse (Feta)

1 Die Zwiebel schälen und fein würfeln. Die Auberginen waschen, putzen und grob würfeln.

2 Das Olivenöl in einer breiten Pfanne leicht erhitzen und die Zwiebelwürfel darin anbraten. Die Auberginenwürfel dazugeben und mit anbraten. Den Reis und den Thymian unterrühren, dann ¾ l Brühe dazugießen. Den Reis zugedeckt bei schwacher Hitze ca. 8 Min. garen. Eventuell Brühe nachgießen, wenn die Mischung zu trocken wird.

3 Die Oliven halbieren oder vierteln und unter den Reis mischen, alles mit etwas Salz (Achtung, der Schafskäse ist recht salzig) und Pfeffer abschmecken. Den Schafskäse über die anderen Zutaten bröckeln. Die Pfanne zudecken und alles bei schwacher Hitze 5–10 Min. garen.

⟫⟫⟫ Turbo-Tipp

Express-Reis nehmen, der ist bereits fertig gegart und muss nur erwärmt werden. Man spart allerdings nicht sehr viel Zeit bei der Zubereitung, da die Auberginen einige Minuten garen müssen. ⟪⟪⟪

Vegetarisch

Ohne Fisch und Fleisch zu kochen ist weder langweilig noch aufwendig – überzeugen Sie sich selbst! Hier gibt es reichlich frisches Gemüse, clever kombiniert mit gesunder Tiefkühlware und bequemen Fertigprodukten: von Kürbisragout mit Kichererbsen bis Schupfnudeln mit Mangold. Da bleiben keine Wünsche offen ...

Focaccia mit zweierlei Käse

Wie Pizza und doch völlig anders: Knoblauch, Rosmarin und Tomaten thronen auf dem luftigen Teig, getoppt von Gorgonzola und Taleggio.

Für 4 Personen
Pro Portion ca. 950 kcal

2 Rollen Pizzateig (à 400 g, aus dem Kühlregal)
4 Knoblauchzehen
10 Zweige Rosmarin
150 g Kirschtomaten
150 g Gorgonzola
150 g Taleggio
Salz | Pfeffer aus der Mühle
9 EL Olivenöl

1 Den Backofen auf 225° Umluft vorheizen. Den Teig auf zwei Backblechen ausbreiten – dabei das Backpapier aus der Packung unter dem Teig lassen.

2 Den Knoblauch schälen und in feine Stifte schneiden oder durch die Presse drücken. Den Rosmarin waschen und trocken schütteln, die Nadeln abstreifen und hacken. Die Tomaten waschen, trocken tupfen und halbieren. Die vorbereiteten Zutaten auf den beiden Teigböden verteilen. Beide Käsesorten klein würfeln und darüberstreuen. Mit Salz und Pfeffer würzen und 8 EL Olivenöl darüberträufeln.

3 Die Focaccia im heißen Ofen (Mitte und unten) 12–15 Min. backen, dabei nach ca. 6 Min. das obere Backblech nach unten schieben und umgekehrt. Wenn Ihr Ofen keine Umluft hat, die Bleche nacheinander backen – der Genuss kann ja schon mit der ersten fertigen Focaccia beginnen. Die Focaccia vor dem Servieren mit dem übrigen Olivenöl beträufeln.

⟫⟫⟫ Und beim nächsten Mal …

Fertiger Pizzateig aus dem Kühlregal lässt sich immer wieder anders belegen und sorgt zu Hause im Nu für Italo-Feeling: Nehmen Sie andere Käsesorten, belegen Sie den Teig zuerst mit Tomatenscheiben oder mit in Streifen geschnittenen eingelegten Paprikaschoten. Auch klein geschnittene Oliven oder Zwiebelringe passen bestens. Und wenn es nicht vegetarisch sein soll, können Sie auch Salamischeiben, Schinkenwürfel oder Thunfisch auf dem Teig verteilen. ⟪⟪⟪

Auberginenschnitzel mit Paprika

Für 4 Personen
Pro Portion ca. 215 kcal

1 große dicke Aubergine (400–500 g)
4 EL Olivenöl
1 große Zwiebel
je 1 rote und grüne Paprikaschote
½ Dose stückige Tomaten (200 g)
Salz | Pfeffer aus der Mühle
2 TL getrockneter Oregano
1 Kugel Büffel-Mozzarella (125 g)

1 Den Backofen auf 225° (Umluft 200°) vorheizen. Die Aubergine waschen, putzen und längs in 4 dicke Scheiben schneiden. Auf ein Backblech oder in eine breite Auflaufform legen und dünn mit Olivenöl einpinseln. Die Scheiben im heißen Ofen (Mitte) 10–12 Min. garen, dabei einmal wenden.

2 Inzwischen die Zwiebel schälen und fein würfeln. Die Paprikaschoten halbieren, Trennwände und Kerne entfernen, die Hälften waschen und ebenfalls fein würfeln.

3 Das restliche Olivenöl in einer breiten Pfanne erhitzen und die Zwiebelwürfel darin anbraten. Die Paprikawürfel dazugeben und mit anbraten, dann die Dosentomaten unterrühren. Mit Salz, Pfeffer und Oregano würzen und offen bei starker Hitze unter häufigem Rühren gut 5 Min. kochen, dabei leicht einkochen lassen.

4 Die Auberginen aus dem Ofen nehmen und mit Salz und Pfeffer würzen. Den Backofen auf die höchste Stufe schalten. Das Paprikagemüse abschmecken und auf den Auberginenscheiben verteilen. Den Mozzarella abtropfen lassen, in Scheiben schneiden und darauflegen. Im Ofen (oben) 3–4 Min. überbacken, bis der Käse geschmolzen ist.

»»» Turbo-Tipp

Nach 20 Min. steht alles auf dem Tisch, wenn der Ofen kalt bleibt. Man kann die Auberginen nämlich auch in einer breiten Pfanne garen, das geht schneller, man braucht aber deutlich mehr Öl: Auberginen saugen Fett auf wie ein Schwamm. Das Gericht wird bei dieser Methode also üppiger. Auch das Überbacken können Sie in der Pfanne erledigen – einfach einen passenden Deckel auflegen. «««

Kartoffeln als schnelle Verwandlungskünstler: Heute zu kleinen Knödeln geformt und mit weißen Bohnen serviert, morgen mit Pastinaken gekocht, zerstampft und zu gebratenen Äpfeln gereicht.

Käseklößchen mit Bohnenragout

Für 4 Personen
Pro Portion ca. 570 kcal

70 g Bergkäse oder Emmentaler (am Stück)
2 Bund Schnittlauch
750 g Kartoffelknödelteig (aus dem Kühlregal)
Salz
2 rote Zwiebeln
2 EL Butter
40 g Mandelstifte
1 große Dose weiße Bohnenkerne
(530 g Abtropfgewicht)
125 g Sahne
Pfeffer aus der Mühle

1 Reichlich Wasser für die Klößchen in einem breiten Topf zum Kochen bringen. Inzwischen den Käse in 1 cm große Würfel schneiden. Den Schnittlauch waschen, trocken schütteln und in feine Röllchen schneiden. Mit dem Kartoffelknödelteig verkneten. Aus dem Teig tischtennisballgroße Klößchen formen, dabei jeweils einen Käsewürfel in die Mitte geben.

2 Das Wasser salzen und die Klößchen in das Wasser legen. Die Hitze reduzieren und die Klößchen in gut 10 Min. gar ziehen lassen.

3 Inzwischen die Zwiebeln schälen, längs halbieren und in Streifen schneiden. Die Butter in einer Pfanne zerlassen und die Mandelstifte darin leicht anrösten. Die Zwiebeln dazugeben und anbraten. Die Bohnen in ein Sieb abgießen, kalt abbrausen, abtropfen lassen und zu den Zwiebeln geben. Die Sahne dazugießen und alles mit Salz und Pfeffer abschmecken.

4 Die Käseklößchen mit einer Schaumkelle aus dem Wasser heben, abtropfen lassen und mit dem Bohnenragout anrichten.

Paprika-Äpfel mit Pastinaken-Mash

Für 4 Personen
Pro Portion ca. 365 kcal

2 große Pastinaken (ca. 500 g)
2 große Kartoffeln (ca. 400 g)
Salz
3 große, feste rotschalige Äpfel
60 g Butter
4 EL helle Sesamsamen
2 EL edelsüßes Paprikapulver
80–100 ml Milch
2 EL Schnittlauchröllchen

1 Die Pastinaken und Kartoffeln waschen, schälen und nicht zu grob würfeln. Beides zugedeckt in wenig Salzwasser ca. 12 Min. garen. Inzwischen die Äpfel waschen und gut trocken reiben, dann vierteln und vom Kerngehäuse befreien. Die Viertel längs in dicke Spalten schneiden.

2 Die Butter in einer beschichteten Pfanne zerlassen. Die Äpfel darin bei mittlerer Hitze ca. 2 Min. braten, sie sollen keinesfalls zerfallen. Die Äpfel salzen, Sesamsamen und Paprikapulver darüberstreuen und alles gut mischen.

3 Die Pastinaken- und Kartoffelwürfel abgießen. Mit einem Kartoffelstampfer im Topf grob zerdrücken, dabei die Milch dazugießen und untermischen. Das Püree eventuell mit Salz nachwürzen und mit den Äpfeln anrichten. Die Schnittlauchröllchen darüberstreuen.

Kürbisragout mit Kichererbsen

Nur 25 Minuten, und Indien lässt grüßen: Kaum zu glauben, wie schnell dieses Kürbisgericht auf dem Tisch steht – und wie wunderbar es schmeckt.

Für 4 Personen
Pro Portion ca. 335 kcal

1 kleiner Hokkaidokürbis (ca. 800 g)
2 Zwiebeln
2 Knoblauchzehen
3 EL Öl
2 EL Currypulver (z. B. Madras-Curry)
1 Dose Kichererbsen
(285 g Abtropfgewicht)
⅛ l Gemüsebrühe
Salz
1–2 TL gemahlener Kreuzkümmel
2 zarte Frühlingszwiebeln

1 Den Kürbis waschen, putzen und in Spalten schneiden, die Fasern und Kerne herauskratzen und das Fruchtfleisch in mundgerechte Würfel schneiden. Die Zwiebeln und den Knoblauch schälen, die Zwiebeln in Ringe schneiden, den Knoblauch durch die Presse drücken.

2 Das Öl in einem Topf erhitzen, Zwiebeln und Knoblauch darin unter Rühren anbraten. Das Currypulver darüberstäuben und kurz anrösten, dann den Kürbis unterrühren. Die Kichererbsen in ein Sieb abgießen, abtropfen lassen und mit der Brühe zum Kürbis geben. Mit Salz und Kreuzkümmel würzen und zugedeckt bei mittlerer Hitze 8–10 Min. köcheln lassen.

3 Das Ragout mit Salz und Kreuzkümmel abschmecken. Die Frühlingszwiebeln waschen, putzen und in lange, feine Streifen schneiden. Zum Servieren auf das Ragout geben.

»» Einkaufstipp

Kürbis gibt es längst nicht mehr nur im Herbst zu kaufen, und der früher allein auftretende Riesenkürbis hat reichlich Konkurrenz bekommen. Einige Sorten werden inzwischen das ganze Jahr über angeboten, etwa der beliebte Hokkaido. Seine Schale ist weicher als die der meisten anderen Sorten und kann mitgegessen werden. Nur Kerne und Fasern im Inneren müssen entfernt werden – die Vorbereitung geht also blitzschnell. «««

Fertig in 25 Minuten

Fertig in 20 Minuten

Heimisches Gemüse mit neuer Begleitung: Schlichte Rüben machen mit Halloumi viel her, und geräucherter Tofu passt bestens zum würzigen Tomaten-Gurken-Gemüse.

Steckrüben mit Halloumi

Für 4 Personen
Pro Portion ca. 395 kcal

1–2 Steckrüben (insgesamt ca. 800 g)
1 Stück Ingwer (ca. 15 g)
1 Bund Frühlingszwiebeln
2 EL Öl
50 g geschälte Mandeln
ca. 250 g Halloumi (zypr. Käse)
2 TL Mehl
300 ml Gemüsebrühe
Salz | Pfeffer aus der Mühle
Außerdem:
Tischgrill oder Grillpfanne

1 Die Steckrüben schälen und putzen, harte und faserige Stellen entfernen. Die Rüben in 1 cm dicke Scheiben und diese in ca. 6 cm lange Streifen schneiden.

2 Den Ingwer schälen und fein würfeln. Die Frühlingszwiebeln waschen, putzen und in feine Ringe schneiden. Einen Tischgrill oder eine Grillpfanne aufheizen.

3 Das Öl in einer breiten beschichteten Pfanne erhitzen. Steckrüben und Ingwer darin bei mittlerer Hitze 1–2 Min. anbraten. Die Frühlingszwiebeln und die Mandeln dazugeben und alles noch 2–3 Min. braten.

4 Inzwischen den Halloumi in vier dicke Scheiben schneiden. Auf dem stark aufgeheizten Grill oder in der Grillpfanne auf beiden Seiten goldbraun grillen. Währenddessen das Mehl über das Gemüse stäuben und anschwitzen. Die Brühe dazugießen, alles mit Salz und Pfeffer abschmecken und noch 2–3 Min. köcheln lassen. Die Steckrüben mit dem Halloumi auf Tellern anrichten.

Gurkengemüse mit Räuchertofu

Für 4 Personen
Pro Portion ca. 250 kcal

1 große Zwiebel
800 g Garten- oder Schmorgurken
3 EL Öl
¼ l Gemüsebrühe
4 EL Tomatenmark
Salz | Pfeffer aus der Mühle
400 g Räuchertofu
1 Bund Petersilie
edelsüßes Paprikapulver

1 Die Zwiebel schälen und fein würfeln. Die Gurken gründlich waschen (oder schälen) und putzen, dann längs halbieren und in Scheiben schneiden. In einem Topf 1 EL Öl erhitzen und die Zwiebelwürfel darin glasig dünsten. Die Gurkenscheiben dazugeben und kurz mitdünsten, dann mit der Brühe ablöschen. Das Tomatenmark einrühren und das Gemüse mit Salz und Pfeffer würzen. Die Gurken zugedeckt bei schwacher Hitze 5–10 Min. dünsten.

2 Inzwischen den Räuchertofu in mundgerechte Scheiben oder Streifen schneiden. Das restliche Öl in einer beschichteten Pfanne erhitzen und den Tofu darin rundherum anbraten.

3 Die Petersilie waschen und trocken schütteln, die Blättchen abzupfen und grob hacken. Zum Tofu geben und untermischen. Mit Salz, Pfeffer und Paprikapulver würzen. Das Gurkengemüse abschmecken und mit dem Tofu anrichten.

Buntes Mittelmeergemüse mit Basilikumkäse

Sommerlich und erfrischend: Mit schnell angerührtem Schichtkäse und provenzalischem Gemüse wird der Feierabend zum Fitnessprogramm.

Für 4 Personen
Pro Portion ca. 235 kcal

1 Aubergine
2 kleine Zucchini
2 Zwiebeln
3 EL Olivenöl
1 kleine Dose stückige Tomaten (400 g)
Salz | Pfeffer aus der Mühle
2 TL getrockneter Thymian
1 großes Bund Basilikum
1 Bio-Zitrone
500 g Schichtkäse

1 Die Aubergine und die Zucchini waschen und putzen. Die Zwiebeln schälen. Alles in feine Würfel schneiden. Das Olivenöl in einem Topf erhitzen und das Gemüse darin kurz anbraten. Die Dosentomaten dazugeben, alles mit Salz, Pfeffer und Thymian würzen und zugedeckt bei mittlerer Hitze ca. 10 Min. köcheln lassen.

2 Inzwischen das Basilikum waschen und trocken schütteln. 2 Stängel zum Garnieren beiseitelegen. Von den übrigen Stängeln die Blättchen abzupfen und fein hacken. Die Zitrone heiß waschen und abtrocknen, die Schale fein abreiben und den Saft auspressen.

3 Den Schichtkäse in einer Rührschüssel mit der Zitronenschale, dem -saft und dem gehackten Basilikum verrühren. Mit Salz und Pfeffer würzen. Das Gemüseragout pikant mit Pfeffer abschmecken, mit dem Schichtkäse anrichten und mit dem übrigen Basilikum garnieren. Dazu passt Baguette – besonders fein ist Baguette, bei dem gehackte Oliven mitgebacken wurden.

Ideen muss man haben: Zwiebeln, Spinat und Eier peppen fertige Gnocchi auf, und unter der knusprigen Streuseldecke versteckt sich Gemüse statt Kuchen.

Spinat-Zwiebel-Gnocchi

Für 4 Personen
Pro Portion ca. 665 kcal

250 g rote Zwiebeln
2 EL Olivenöl
500–600 g Gnocchi (aus dem Kühlregal)
300 g TK-Blattspinat
⅛ l Gemüsebrühe
8 Eier
8 getrocknete Tomaten (in Öl)
100 g Mascarpone
Salz | Pfeffer aus der Mühle

1 Die Zwiebeln schälen und in Spalten schneiden. Das Olivenöl in einer breiten Pfanne erhitzen und die Zwiebeln darin ca. 1 Min. anbraten. Die Gnocchi dazugeben und 1–2 Min. mit anbraten.

2 Den gefrorenen Spinat dazugeben und die Brühe angießen. Den Spinat unter Rühren auftauen und aufkochen lassen. Währenddessen die Eier anstechen und in kochendem Wasser in ca. 8 Min. wachsweich kochen.

3 Die Tomaten abtropfen lassen und in Streifen schneiden. Mit dem Mascarpone zur Gnocchi-Spinat-Mischung geben und alles mit Salz und Pfeffer kräftig abschmecken.

4 Die Eier kalt abschrecken, pellen und halbieren. Mit den Spinat-Zwiebel-Gnocchi auf Tellern anrichten.

Rote-Bete-Gratin mit Streuseln

Für 4 Personen
Pro Portion ca. 545 kcal

1 kg gegarte Rote Beten (vakuumverpackt)
4 hart gekochte Eier
130 g Salz-Cracker
1 Bund Petersilie
100 g weiche Butter
4 EL gehackte Haselnusskerne
Salz | Pfeffer aus der Mühle

1 Den Backofen auf 225° (Umluft 200°) vorheizen. Die Roten Beten abtropfen lassen und in dicke Scheiben schneiden. Die Eier pellen und ebenfalls in Scheiben schneiden. Alles in einer breiten Auflaufform verteilen oder dachziegelförmig darin auslegen.

2 Die Cracker mit den Händen oder in einem Mixer grob zerbröseln. Die Petersilie waschen und trocken schütteln, die Blättchen abzupfen und hacken.

3 Cracker, Petersilie, Butter, Haselnusskerne, Salz und Pfeffer mit den Fingern zu Streuseln verkneten und über die Zutaten in der Form streuen. Im heißen Ofen (Mitte) in ca. 15 Min. goldbraun überbacken.

⟫⟫⟫ On Top

Dazu schmeckt ein Feldsalat, angemacht mit einer klassischen Vinaigrette aus Salz, Pfeffer, 1 TL Senf, 3 EL Essig und 5–6 EL Öl oder mit einem frischen Joghurtdressing. Dafür beispielsweise 200 g Naturjoghurt mit Salz, Pfeffer, etwas Meerrettich (aus dem Glas) und 2 EL Apfelessig anrühren. ⟪⟪⟪

Schupfnudeln mit Mangold

Für 4 Personen
Pro Portion ca. 355 kcal

1 große Mangoldstaude (ca. 600 g)
1 Zwiebel
3 EL Butter
75 ml Gemüsebrühe
100 g Orangenmarmelade
Salz | Pfeffer aus der Mühle
500 g Schupfnudeln
(aus dem Kühlregal)
2 EL gemahlener Mohn

1 Den Mangold waschen und putzen. Den Strunk und welke Blätter entfernen, dann die grünen Blätter von den hellen Stielen schneiden. Getrennt voneinander in Streifen schneiden.

2 Die Zwiebel schälen und würfeln oder in Streifen schneiden. In einem Topf 1 EL Butter zerlassen und die Zwiebel darin glasig dünsten. Die Mangoldstiele dazugeben und mit andünsten, dann mit der Brühe ablöschen. Die Orangenmarmelade unterrühren, das Gemüse mit Salz und Pfeffer würzen und zugedeckt bei mittlerer Hitze ca. 5 Min. dünsten.

3 Die restliche Butter in einer breiten beschichteten Pfanne zerlassen. Die Schupfnudeln darin bei mittlerer Hitze rundherum goldbraun braten. Den Mohn dazugeben und unterrühren. Die Pfanne gleich von der Herdplatte ziehen, sonst verbrennt der Mohn.

4 Die grünen Mangoldblätter zu den Stielen in den Topf geben und alles zugedeckt ca. 5 Min. dünsten. Mit Salz abschmecken. Den Orangenmangold mit den Schupfnudeln anrichten.

⟫⟫⟫ Mal anders?

Der Orangenmangold schmeckt auch super als Beilage, zum Beispiel zu gebratenen Lammfilets oder Lammkoteletts. ⟪⟪⟪

Rezepte für Pfannkuchen und Omeletts kann man nie genug haben! Hier zwei neue Ideen – kräuterfrische Pilz-Omeletts und zu Mini-Pfannkuchen gebackener Mais.

Pilz-Omelett mit Mozzarella

Für 4 Personen
Pro Portion ca. 405 kcal

600 g kleine, feste Champignons
1 Töpfchen Sauerampfer (ersatzweise Petersilie oder Basilikum)
8 Eier
8 EL Sahne
Salz | Pfeffer aus der Mühle
1 Kugel Büffel-Mozzarella (125 g)
4 EL Butter

1 Die Champignons putzen und trocken abreiben, je nach Größe halbieren oder vierteln. Den Sauerampfer waschen, trocken schütteln und ohne die groben Stängel in feine Streifen schneiden.

2 Die Eier mit der Sahne, Salz und Pfeffer verquirlen. Den Mozzarella abtropfen lassen und klein würfeln. Je 2 EL Butter in zwei beschichteten Pfannen zerlassen. Jeweils die Hälfte der Champignons darin bei starker Hitze 3–4 Min. anbraten, bis die austretende Flüssigkeit verdampft ist. Je die Hälfte des Sauerampfers unterrühren und kurz mitbraten. Jeweils die Hälfte der Eiersahne darübergießen und die Hälfte der Mozzarellawürfel darauf verteilen. Zugedeckt bei schwacher Hitze in 4–5 Min. stocken lassen.

3 Die Omeletts nach Belieben wie eine Torte in Stücke schneiden und sofort servieren.

»»» On Top
Ein gemischter Salat oder ein würzig angemachter Tomatensalat runden das Essen perfekt ab. «««

Maisküchlein mit Meerrettichcreme

Für 4 Personen
Pro Portion ca. 560 kcal

1 Bund Frühlingszwiebeln
2 Dosen Maiskörner (à ca. 300 g Abtropfgewicht)
6 Eier
100 g Mehl
Salz | Pfeffer aus der Mühle
4–5 EL Öl
200–250 g Seidentofu
3 EL Meerrettich (aus dem Glas)
2 säuerliche Äpfel

1 Die Frühlingszwiebeln waschen, putzen und in ganz feine Ringe schneiden. Den Mais in ein Sieb abgießen und abtropfen lassen. In einer Schüssel die Eier mit dem Mehl verquirlen. Frühlingszwiebeln und Mais unterrühren und die Mischung mit Salz und Pfeffer würzen.

2 In zwei breiten beschichteten Pfannen jeweils etwas Öl erhitzen. Die Maismischung mit einer kleinen Kelle portionsweise hineingeben, jede Portion etwas flach drücken und auf beiden Seiten in je 1–2 Min. zu goldgelben Küchlein ausbacken. Die Menge ergibt etwa 16 Küchlein.

3 Den Tofu mit einer Gabel fein zerdrücken und den Meerrettich unterrühren. Die Äpfel waschen, gut trocken reiben, vierteln und vom Kerngehäuse befreien. Die Viertel grob raspeln und sofort unter den Tofu mischen. Die Meerrettichcreme mit Salz und Pfeffer würzen.

4 Die Maisküchlein mit der Meerrettichcreme anrichten und sofort servieren.

Gewürzstangen mit Radieschenquark

Preiswert und superlecker: Die knusprigen Pizzastangen mit herzhaftem Dip sind das perfekte Fingerfood zur Happy Hour.

Für 4 Personen
Pro Portion ca. 870 kcal

2 Rollen Pizzateig
(à 400 g, aus dem Kühlregal)
1 Ei
Salz | Pfeffer aus der Mühle
edelsüßes Paprikapulver
5–6 EL helle Sesamsamen
5–6 EL Kümmelsamen
2 Bund Radieschen
750 g Quark (20 % Fett)
250 g Naturjoghurt

1 Den Backofen auf 200° Umluft vorheizen. Zwei Backbleche mit Backpapier auslegen. Die beiden Teigrollen auf der Arbeitsfläche ausbreiten.

2 Das Ei verquirlen und den Teig damit einpinseln. Mit Salz, Pfeffer, Paprikapulver, Sesam und Kümmel bestreuen. Den Teig in ca. 2 cm breite (ungefähr daumenbreite) Streifen schneiden. Die Streifen ein wenig verdrehen, dabei nicht in die Länge ziehen. Auf die vorbereiteten Bleche legen (siehe Tipp) und im heißen Ofen in ca. 10 Min. goldbraun backen.

3 Inzwischen die Radieschen waschen und putzen. Zartes Grün ebenfalls waschen und gut trocken schütteln. Das Grün hacken, die Radieschen in Streifen schneiden oder grob raspeln. Beides mit Quark und Joghurt verrühren und mit Salz und Pfeffer pikant abschmecken. Den Radieschenquark mit den Gewürzstangen servieren.

⟫⟫ Praxistipps

Wenn nicht alle Stangen auf zwei Backbleche passen, müssen Sie zuerst zwei Bleche backen und die restlichen Stangen in den Ofen schieben, während Sie bereits den ersten Schwung genießen. Zwei Bleche können bei Umluft gleichzeitig in den Ofen. Bei Ober- und Unterhitze müssen Sie die Bleche nacheinander backen. Den Backofen dann auf 225° vorheizen und das Blech auf eine der unteren Schienen schieben.
Der Pizzateig ist mit Backpapier in der Packung aufgerollt. Wenn Sie das Papier verwenden wollen, stürzen Sie den Teig beim Auswickeln auf die Arbeitsfläche, ziehen das Papier vorsichtig ab und legen es auf das Blech. ⟪⟪⟪

Fertig in 30 Minuten

Fisch

Fisch und Meeresfrüchte sind Fastfood vom Feinsten: Schneller und einfacher kann man Genießer nicht glücklich machen. Vor allem Fischfilets sind so gut wie grätenfrei und ideal für Blitzrezepte. Praktisch und überall zu bekommen ist Tiefkühlware – dann müssen Express-Köche allerdings die Auftauzeit mit einplanen.

Fertig in 20 Minuten

Seelachsfilets mit Chicorée

Mit fruchtiger Note: Zum gebratenen Fischfilet gibt's zartes Gemüse, das leicht karamellisiert und mit Orange verfeinert wird.

Für 4 Personen
Pro Portion ca. 350 kcal

4 Seelachsfilets (à ca. 125 g, ersatzweise Rotbarsch oder Pangasius)
4 Stauden Chicorée
2 Bio-Orangen
4 EL Butter
Salz | weißer Pfeffer aus der Mühle
8 Scheiben Toastbrot
2 EL Zucker
1–2 Prisen Chiliflocken

1 Die Seelachsfilets waschen und trocken tupfen, eventuell noch vorhandene Gräten entfernen. Den Chicorée waschen und putzen, die äußeren Blätter entfernen und vom Strunk eine dünne Scheibe abschneiden. Die Stauden längs halbieren, die Blätter sollen dabei nicht auseinanderfallen.

2 Die Orangen heiß waschen und abtrocknen. Von der Schale mit einem Zestenreißer ca. 2 TL feine Streifen abziehen, den Saft auspressen.

In einer beschichteten Pfanne 2 EL Butter zerlassen und die Fischfilets darin bei schwacher Hitze 3–5 Min. braten. Mit Salz und Pfeffer würzen, wenden und auf der zweiten Seite ebenfalls 3–5 Min. braten (je nach Dicke). Wieder salzen und pfeffern.

3 Gleichzeitig die restliche Butter in einer zweiten, breiten Pfanne zerlassen und den Chicorée darin rundherum bei schwacher bis mittlerer Hitze ca. 5 Min. braten. Mit Salz und Pfeffer würzen. Die Brotscheiben im Toaster goldbraun rösten und diagonal halbieren.

4 Den Zucker über den Chicorée streuen und leicht karamellisieren lassen, mit dem Orangensaft ablöschen und kurz aufkochen. Den Chicorée mit den gebratenen Fischfilets anrichten, Chiliflocken und die Orangenschalenstreifen darübergeben. Die Toastecken dazu reichen.

⟫⟫ Und beim nächsten Mal …

Statt Seelachs können Sie jedes andere Fischfilet nehmen – kaufen Sie das, was frisch oder preiswert angeboten wird. Und wenn Sie lieber etwas mehr Farbe auf den Teller bringen möchten, nehmen Sie Radicchio statt Chicorée. Die kleinen rötlichen Salatköpfe eignen sich ebenfalls bestens für diese Zubereitungsart. ⟪⟪

Kulinarische Blitzurlaube: Fisch mit Äpfeln und Cidre liebt man in der Normandie, das aromatische Ragout schmeckt wie in einer kretischen Hafentaverne.

Fischfilets mit grünen Bohnen

Für 4 Personen
Pro Portion ca. 305 kcal

500 g grüne Bohnen | Salz
4 Fischfilets (à ca. 160 g, z. B. Kabeljau oder Seelachs)
weißer Pfeffer aus der Mühle
125 g Schalotten
3–4 rotschalige Äpfel (à ca. 140 g)
2 EL Zitronensaft
1 Bund Petersilie
3–4 EL Butter
⅛ l Cidre (franz. Apfelwein)

1 Die Bohnen waschen, putzen und zugedeckt in wenig Salzwasser 10–15 Min. garen. Inzwischen die Fischfilets waschen und trocken tupfen, eventuell noch vorhandene Gräten entfernen. Die Filets auf beiden Seiten mit Salz und Pfeffer würzen.

2 Die Schalotten schälen und in feine Scheiben schneiden. Die Äpfel waschen, gut trocken reiben, vierteln und vom Kerngehäuse befreien. Die Viertel längs in dicke Spalten schneiden und sofort mit dem Zitronensaft beträufeln. Die Petersilie waschen und trocken schütteln, die Blättchen abzupfen und grob hacken.

3 In einer beschichteten Pfanne 2 EL Butter zerlassen und die Fischfilets darin auf jeder Seite ca. ½ Min. anbraten. Die Schalotten dazugeben und mit anbraten, aber nicht dunkel werden lassen. Die Hitze reduzieren und die Fischfilets in 5–6 Min. sanft fertig garen. Gegen Ende die Apfelspalten dazugeben und leicht anbraten. Den Cidre angießen, mit Salz und Pfeffer würzen.

4 Die Bohnen in ein Sieb abgießen, abtropfen lassen und wieder in den Topf geben. Die restliche Butter und die Petersilie dazugeben. Alles mischen und kurz erhitzen, dann mit dem Fisch und den Äpfeln anrichten.

Griechisches Fischragout

Für 4 Personen
Pro Portion ca. 445 kcal

2 Zwiebeln
1 Bund Petersilie
4–5 Stangen Staudensellerie
4 EL Olivenöl
Salz | Pfeffer aus der Mühle
600 ml Fischfond (aus dem Glas)
600 g gemischte Fischfilets (z. B. Meerbarbe, Brasse, Seezunge; ersatzweise nur eine Sorte)
Saft von 1 Zitrone
4 kleine Pitabrote

1 Die Zwiebeln schälen, längs halbieren und in Streifen schneiden. Die Petersilie waschen und trocken schütteln, die Blättchen abzupfen und grob hacken. Den Sellerie waschen, putzen und in Scheiben schneiden.

2 Das Olivenöl in einem Topf erhitzen, die vorbereiteten Zutaten (etwas Petersilie zum Garnieren beiseitelegen) dazugeben und unter Rühren 5 Min. kräftig andünsten. Mit Salz und Pfeffer würzen. Den Fond angießen, alles bei mittlerer Hitze ca. 5 Min. kochen lassen.

3 Inzwischen die Fischfilets waschen und trocken tupfen, eventuell noch vorhandene Gräten entfernen. Mundgerecht zerteilen, mit Salz, Pfeffer und Zitronensaft würzen. Den Fisch in die Suppe geben und bei schwacher Hitze in 3–4 Min. gar ziehen lassen. Das Fischragout abschmecken und mit der restlichen Petersilie bestreuen. Die Pitabrote aufschneiden und nach Belieben im Toaster rösten. Zum Fischragout servieren.

⋙ On Top

Je mehr verschiedene Fischsorten Sie nehmen, desto raffinierter wird das Ragout. Man kann auch Garnelen, Tintenfische und Muscheln dazugeben. ⋘

Thunfisch mit Balsamico-Zwiebeln

Für 4 Personen
Pro Portion ca. 615 kcal

4 große Kartoffeln (ca. 600 g)
Salz
4 rote Zwiebeln
15–20 Zweige Thymian (oder 1 EL getrockneter Thymian)
6 EL Olivenöl
2 EL Tomatenmark
200 ml trockener Rotwein oder Gemüsebrühe
5–6 EL Aceto balsamico
4 Thunfischsteaks (à ca. 150 g, ersatzweise Rotbarschfilets)
Pfeffer aus der Mühle

1 Die Kartoffeln waschen, schälen und in 1–2 cm große Würfel schneiden. Zugedeckt in wenig Salzwasser ca. 10 Min. garen. Inzwischen die Zwiebeln schälen, längs halbieren und in dünne Streifen schneiden. Den Thymian waschen und trocken schütteln. 4 Zweige zum Garnieren beiseitelegen, vom Rest die Blättchen abstreifen.

2 In einem kleinen Topf 2 EL Olivenöl erhitzen und die Zwiebeln darin anbraten. Das Tomatenmark einrühren und leicht anrösten, dann den Wein oder die Brühe dazugießen. Den Essig und ca. zwei Drittel der Thymianblättchen dazugeben. Alles offen ca. 10 Min. köcheln lassen.

3 Parallel dazu die Thunfischsteaks waschen und trocken tupfen. 2 EL Olivenöl in einer beschichteten Pfanne (oder einer Grillpfanne) erhitzen und die Thunfischsteaks darin anbraten. Mit Salz und Pfeffer würzen und bei schwacher Hitze auf jeder Seite 2–3 Min. braten. Die Thunfischsteaks aus der Pfanne nehmen und zugedeckt warm halten.

4 Die Kartoffeln abgießen und abtropfen lassen. Das restliche Olivenöl in der Pfanne erhitzen, die Kartoffelwürfel und den restlichen Thymian hineingeben und bei starker Hitze 2–3 Min. braten. Die Zwiebeln mit Salz und Pfeffer abschmecken, die Flüssigkeit eventuell bei sehr starker Hitze etwas einkochen lassen. Die Zwiebeln mit den Thunfischsteaks und den Kartoffeln servieren, mit Thymianzweigen garnieren.

Fertig in 30 Minuten

Lieblingsfisch in Rosé: Ob mit würzigem Salbei gebraten oder fein geschnetzelt mit rustikalen Semmeltalern – hier kommen Lachs-Fans schnell auf ihre Kosten.

Lachsforelle mit Tomaten-Polenta

Für 4 Personen
Pro Portion ca. 575 kcal

Salz
300 g Polenta (Maisgrieß)
1 kleine Dose stückige Tomaten (400 g)
600 g Lachsforellenfilet (ersatzweise Lachsfilet)
2 Bio-Zitronen
3–4 Zweige Salbei
4 EL Olivenöl
Pfeffer aus der Mühle

1 In einem Topf ca. ½ l Wasser aufkochen lassen und salzen. Die Polenta unter ständigem Rühren einrieseln lassen. Die Dosentomaten unterrühren und alles bei schwacher Hitze unter häufigem Rühren knapp 15 Min. garen. Eventuell etwas Wasser dazugießen, wenn die Mischung zu fest wird.

2 Inzwischen das Fischfilet waschen und trocken tupfen, eventuell noch vorhandene Gräten entfernen und das Filet in Portionsstücke teilen. Die Zitronen heiß waschen und abtrocknen. Den Salbei waschen und trocken schütteln, die Blätter abzupfen, große Blätter kleiner hacken. Eine Zitrone in Spalten schneiden und zum Garnieren beiseitelegen. Die Schale von der anderen Zitrone abreiben oder mit einem Zestenreißer abziehen, den Saft auspressen.

3 Das Olivenöl in einer breiten beschichteten Pfanne erhitzen. Die Fischstücke und den Salbei darin (je nach Dicke der Fischstücke) bei mittlerer Hitze insgesamt 5–8 Min. braten, dabei einmal wenden. Mit Salz, Pfeffer und Zitronensaft würzen.

4 Die Polenta abschmecken und mit dem Fisch und dem gebratenen Salbei anrichten. Die Zitronenschale darüberstreuen und die Zitronenspalten dazu reichen.

Lachs mit Semmeltalern

Für 4 Personen
Pro Portion ca. 635 kcal

1 Packung fertiger Semmelknödelteig (500 g, aus dem Kühlregal)
Salz
500 g Lachsfilet
1 großes Bund Frühlingszwiebeln
1 EL Öl
300 ml Fischfond (aus dem Glas) oder Gemüsebrühe
5–6 EL lösliche Haferflocken
100 g Frischkäse
Pfeffer aus der Mühle
rosenscharfes Paprikapulver

1 Für die Semmeltaler reichlich Wasser zum Kochen bringen. Inzwischen aus dem Knödelteig mit angefeuchteten Händen kleine Klöße formen und diese zu flachen Talern drücken. Das Wasser salzen, die Hitze reduzieren und die Taler bei schwacher Hitze in 10–12 Min. gar ziehen lassen.

2 Inzwischen das Lachsfilet waschen und trocken tupfen. Eventuell noch vorhandene Gräten entfernen und das Filet grob schnetzeln. Die Frühlingszwiebeln waschen, putzen und schräg in feine Ringe schneiden. Das Öl in einer beschichteten Pfanne erhitzen und die Frühlingszwiebeln darin 1–2 Min. andünsten. Den Fond oder die Brühe dazugießen und aufkochen lassen. Haferflocken und Frischkäse dazugeben und cremig rühren. Den Lachs vorsichtig untermischen und 3–4 Min. ziehen lassen. Das Geschnetzelte mit Salz, Pfeffer und Paprikapulver herzhaft abschmecken.

3 Die Semmeltaler mit einem Schaumlöffel aus dem Wasser heben und gut abtropfen lassen. Mit dem Geschnetzelten anrichten. Nach Belieben etwas Paprikapulver darüberstäuben.

Schwertfisch mit Paprika

Für 4 Personen
Pro Portion ca. 585 kcal

2 Zwiebeln
2 rote Paprikaschoten
4 EL Olivenöl
4 EL Pinienkerne
4 EL Rosinen
Salz | weißer Pfeffer aus der Mühle
4 Schwertfischfilets (à ca. 180 g, ersatzweise Kabeljau oder Rotbarsch)
200 g Instant-Couscous
2 EL Weißweinessig

1 Die Zwiebeln schälen und in Ringe schneiden. Die Paprikaschoten halbieren, Trennwände und Kerne entfernen, die Hälften waschen und in feine Streifen schneiden.

2 In einem Topf 2 EL Olivenöl leicht erhitzen. Die Pinienkerne und die Rosinen darin unter Rühren ca. ½ Min. leicht anbraten, dann mit einem Schaumlöffel wieder herausnehmen. Die Zwiebeln und die Paprikastreifen in den Topf geben, mit Salz und Pfeffer würzen und im verbliebenen Fett unter häufigem Rühren bei schwacher Hitze ca. 10 Min. garen.

3 Inzwischen die Fischfilets waschen und trocken tupfen, eventuell noch vorhandene Gräten entfernen. Die Filets mit Salz und Pfeffer einreiben. Das restliche Olivenöl in einer breiten beschichteten Pfanne ganz leicht erhitzen. Die Schwertfischfilets darin auf jeder Seite je nach Dicke 4–5 Min. braten.

4 Parallel dazu den Couscous nach Packungsanweisung in Salzwasser zubereiten und kurz quellen lassen. Essig, Rosinen und Pinienkerne unter die Paprikastreifen rühren. Das Gemüse abschmecken, mit dem Fisch und dem Couscous anrichten.

Lässig essen wie im Urlaub: Rotbarben mit gebratener Chili-Ananas und feine Jakobsmuscheln mit Avocado-Tortillas entführen Sie zu einem Last-Minute-Trip in die Karibik.

Karibische Rotbarbe mit Ananas

Für 4 Personen
Pro Portion ca. 665 kcal

2–3 Knoblauchzehen
100 g Butter
Salz | Pfeffer aus der Mühle
1 Baguette
1 Ananas
2–3 rote Chilischoten
100 g Cashewkerne
4 Rotbarbenfilets (à ca. 125 g, ersatzweise Rotbarsch)
2 EL Schnittlauchröllchen

1 Den Backofen auf 225° (Umluft 200°) vorheizen. Den Knoblauch schälen, durch die Presse drücken, mit ca. 50 g Butter verrühren, salzen und pfeffern. Das Baguette schräg in Scheiben schneiden, mit der Knoblauchbutter bestreichen und auf ein Backblech legen. Im heißen Ofen (Mitte) ca. 10 Min. backen.

2 Inzwischen die Ananas schälen, den Strunk ausstechen und die Frucht in Scheiben schneiden. Die Chilischoten halbieren, entkernen, waschen und fein hacken oder in Streifen schneiden. Die Cashewkerne nach Belieben kleiner hacken.

3 Die Fischfilets waschen und trocken tupfen, eventuell noch vorhandene Gräten entfernen. Die Filets auf beiden Seiten salzen und pfeffern. Die restliche Butter in zwei beschichteten Pfannen zerlassen, die Fischfilets in eine, die Ananasscheiben in die zweite Pfanne geben. Beides ca. 5 Min. braten, bis die Fischfilets gar sind und die Ananas auf beiden Seiten goldbraun ist. Chilis und Cashewkerne zur Ananas geben und diese mit Salz und Pfeffer würzen.

4 Die Fischfilets mit Ananas und Knoblauchbrot anrichten und mit dem Schnittlauch bestreuen.

Jakobsmuscheln mit Tortillas

Für 4 Personen
Pro Portion ca. 750 kcal

2 rote Peperoni
2 Bio-Limetten
3 reife Avocados
150 g Naturjoghurt
Salz | Pfeffer aus der Mühle
6 weiche Tortillafladen (Fertigprodukt)
20 ausgelöste Jakobsmuscheln
2 EL Olivenöl
1 Handvoll Koriandergrün

1 Die Peperoni halbieren, entkernen und waschen. Eine Schote sehr fein hacken, die andere in feine Streifen schneiden. Die Limetten heiß waschen und abtrocknen. Von einer Frucht die Schale abreiben und den Saft auspressen. Die andere Limette vierteln.

2 Die Avocados halbieren und die Steine entfernen. Das Fruchtfleisch aus den Schalen lösen und mit dem Joghurt fein pürieren. 1 EL Limettensaft und die gehackte Peperoni unterrühren, mit Salz und Pfeffer würzen.

3 Die Tortillafladen in der Mikrowelle (oder im Backofen bei 225° Umluft) erwärmen. Jeden Fladen dünn mit Avocadocreme bestreichen und aufrollen, schräg halbieren oder dritteln.

4 Die Jakobsmuscheln kalt waschen und gut trocken tupfen. Das Olivenöl in einer beschichteten Pfanne erhitzen und die Jakobsmuscheln darin bei mittlerer Hitze auf jeder Seite 2–3 Min. braten. Die Peperonistreifen dazugeben, alles mit Salz und Pfeffer würzen und mit Limettensaft beträufeln. Die Jakobsmuscheln mit den Tortillarollen anrichten und mit der Limettenschale garnieren. Das Koriandergrün waschen und trocken schütteln, die Blättchen abzupfen, grob hacken und darüberstreuen. Die Limettenviertel dazu servieren.

Forellen in Currybutter

Traditionelles auf neue Art: Hier bekommen die beliebten Süßwasserfische zur Abwechslung mal eine orientalische Note.

Für 4 Personen
Pro Portion ca. 590 kcal

4 küchenfertige Forellen (à ca. 300 g, siehe Einkaufstipp)
Salz | weißer Pfeffer aus der Mühle
60 g Mehl
75 g getrocknete Cranberrys
200 g Langkornreis
300 g TK-Blattspinat
ca. 75 g Butter
2 EL Currypulver

1 Die Forellen innen und außen waschen und gut trocken tupfen. Innen mit Salz und Pfeffer würzen. Das Mehl auf einem großen Teller mit Salz und Pfeffer mischen und die Forellen darin wenden. Überschüssiges Mehl abklopfen.

2 Für den Reis ½ l Wasser aufkochen. Die Cranberrys in einem Schälchen mit warmem Wasser übergießen. Das Wasser für den Reis salzen, den Reis einstreuen und ca. 10 Min. garen. Dann die Cranberrys mit dem Einweichwasser unter den Reis mischen. Den gefrorenen Spinat ebenfalls untermischen und alles in ca. 10 Min. fertig garen.

3 Inzwischen die Butter in einer breiten beschichteten (Fisch-)Pfanne zerlassen und das Currypulver einrühren. Die Forellen darin bei mittlerer Hitze ca. 15 Min. braten, zwischendurch vorsichtig wenden, eventuell noch etwas Butter dazugeben.

4 Die Reis-Spinat-Mischung abschmecken und mit den gebratenen Forellen und der Currybutter anrichten.

⟫⟫⟫ Einkaufstipp

Frische Forellen gibt es leider nicht immer und überall zu kaufen. Sie können auf tiefgekühlte Fische ausweichen, die allerdings vor der Verwendung auftauen müssen. Ansonsten bleibt die Zubereitung gleich. Alternativ können Sie andere Portionsfische nehmen, etwa Felchen oder Renken, oder Sie kombinieren den Cranberry-Spinat-Reis mit in Currybutter gebratenen Fischfilets. ⟪⟪⟪

Fertig in 30 Minuten

Kräftig gewürzt am allerbesten: Rotbarschfilets garen im Ofen unter einer raffinierten Thymian-Pfeffer-Kruste, und frischen Sardinen geben Rosmarin und Wacholder den nötigen Pfiff.

Rotbarsch mit Pfefferkruste

Für 4 Personen
Pro Portion ca. 670 kcal

10 Zweige Zitronenthymian
40 g weiche Butter
1 EL Ahornsirup
40 g Semmelbrösel
1 EL eingelegte grüne Pfefferkörner
Salz | weißer Pfeffer aus der Mühle
4 Rotbarschfilets (à ca. 160 g, ersatzweise Pangasiusfilets)
1 EL Öl
500 g Spaghettini

1 Den Backofen auf 220° (Umluft 200°) vorheizen. Reichlich Wasser für die Nudeln zum Kochen bringen. Inzwischen den Thymian waschen und trocken schütteln, die Blättchen abstreifen und mit Butter, Ahornsirup, Semmelbröseln, Pfefferkörnern, Salz und Pfeffer gründlich verrühren.

2 Die Fischfilets waschen und trocken tupfen, eventuell noch vorhandene Gräten entfernen. Das Öl in einer beschichteten Pfanne nicht zu stark erhitzen und die Fischfilets darin auf jeder Seite ca. ½ Min. braten. Die Filets nebeneinander in eine flache Auflaufform legen und die Pfeffer-Butter-Mischung darauf verteilen. Alles im heißen Ofen (Mitte) 8–10 Min. überbacken.

3 Inzwischen das Nudelwasser salzen und die Spaghettini darin nach Packungsanweisung bissfest garen. In ein Sieb abgießen, gut abtropfen lassen und mit den überbackenen Fischfilets anrichten.

Sardinen mit Knoblauchkraut

Für 4 Personen
Pro Portion ca. 445 kcal

12–16 küchenfertige Sardinen (ca. 1 kg)
Salz | weißer Pfeffer aus der Mühle
3 EL Wacholderbeeren
2 Zweige Rosmarin
4–5 Knoblauchzehen
4 EL Öl
1 große Dose Wein-Sauerkraut
(770 g Abtropfgewicht)
nach Belieben 1 Päckchen TK-Kräuter italienische Art
1 kleines Baguette

1 Die Sardinen waschen und mit Küchenpapier trocken tupfen. Innen und außen mit Salz und Pfeffer würzen. Die Wacholderbeeren auf einem Holzbrett mit einem schweren Messer etwas kleiner hacken. Den Rosmarin waschen und trocken schütteln, die Nadeln abstreifen und grob hacken.

2 Den Knoblauch schälen und in Scheiben oder Stifte schneiden. In einem Topf 2 EL Öl erhitzen und den Knoblauch darin goldbraun anbraten, aber nicht dunkel werden lassen (dann wird er bitter). Das Sauerkraut dazugeben, langsam erhitzen und einige Minuten zugedeckt köcheln lassen.

3 Inzwischen das restliche Öl in einer breiten beschichteten Pfanne erhitzen. Die Sardinen darin rundherum insgesamt ca. 8 Min. braten, nach der Hälfte der Zeit Wacholder und Rosmarin dazugeben und mitbraten.

4 Nach Belieben die TK-Kräuter untermischen und das Kraut mit Salz und Pfeffer abschmecken. Mit den gebratenen Sardinen anrichten. Das Baguette in Scheiben schneiden und dazu reichen.

Thailändisches Fischcurry

Wie auf dem Nachtmarkt in Bangkok: Eilige Köche mit Fernweh können sich mit diesem Blitzrezept ganz leicht nach Asien träumen.

Für 4 Personen
Pro Portion ca. 515 kcal

500 g festes Meeresfischfilet
(z. B. Meerbarbe oder Kabeljau)
1 Bund Frühlingszwiebeln
1 Dose Baby-Maiskolben (in Wasser,
280 g Abtropfgewicht)
2 EL Öl
1–2 EL rote Currypaste (Asienregal im
Supermarkt oder Asienladen)
¼ l ungesüßte Kokosmilch
Salz
200 g Reisbandnudeln
2–4 EL Sojasauce
4 Stängel Thai-Basilikum oder Minze

1 Für die Reisnudeln Wasser zum Kochen bringen. Inzwischen das Fischfilet waschen und trocken tupfen, eventuell noch vorhandene Gräten entfernen und das Fischfilet grob würfeln.

2 Die Frühlingszwiebeln waschen, putzen und schräg in feine Ringe schneiden. Die Maiskolben in ein Sieb abgießen und abtropfen lassen.

3 Das Öl in einem Wok oder Topf erhitzen und die Frühlingszwiebeln darin bei mittlerer bis starker Hitze unter ständigem Rühren ½–1 Min. anbraten. Die Currypaste dazugeben und mit anbraten. Die Maiskolben unterrühren, dann die Kokosmilch dazugießen. Die Fischstücke hinzufügen und vorsichtig mit den anderen Zutaten mischen. Alles bei schwacher Hitze 4–5 Min. garen. Zwischendurch ganz vorsichtig umrühren, damit der Fisch nicht zerfällt.

4 Parallel dazu das Nudelwasser salzen und die Reisnudeln darin nach Packungsanweisung nicht zu weich garen. In ein Sieb abgießen und gut abtropfen lassen.

5 Das Curry mit der Sojasauce abschmecken. Das Thai-Basilikum oder die Minze waschen und trocken schütteln, die Blättchen abzupfen und grob hacken. Das Curry damit bestreuen und mit den Reisnudeln servieren.

❯❯❯ Und beim nächsten Mal ...

Currys lassen sich vielseitig abwandeln und sorgen immer wieder für neuen Genuss. Nicht nur beim Fischfilet können Sie variieren, sondern auch bei den anderen Zutaten. Wenn Sie keine Maiskolben bekommen, nehmen Sie Maiskörner. Statt mit Currypaste können Sie mit Currypulver für Würze und Schärfe sorgen, verwenden Sie dann am besten Madras-Curry. Und wenn Sie keine Reisbandnudeln bekommen oder diese nicht so gern mögen, reichen Sie Basmatireis dazu. ❮❮❮

Fleisch

Von wegen, gut Ding will Weile haben: Steaks, Schnitzel, Röllchen oder Spieße werden in der Pfanne goldbraun gebraten und liegen ruck, zuck auf dem Teller. Das Beste: Mit blitzschnellen Saucen und feinen Beilagen serviert, begeistern sie auch mal anspruchsvolle Gäste.

Steaks mit Espressopfeffer

Nicht die Bohne aufwendig: Eine raffinierte Gewürzmischung aus Kaffee und Pfeffer macht diese Steaks zu einem besonderen Erlebnis.

Für 4 Personen
Pro Portion ca. 835 kcal

1 EL Espressobohnen
3 EL schwarze Pfefferkörner
1 rote Chilischote
2 EL Öl
4 Filetsteaks vom Rind (à 160–200 g)
Salz
500 g Spaghettini
4 EL aromatisches Olivenöl
nach Belieben etwas Rucola zum Garnieren

1 Reichlich Wasser für die Nudeln zum Kochen bringen. Inzwischen die Espressobohnen und Pfefferkörner im Mörser zerstoßen oder in einer elektrischen Kaffee- oder Gewürzmühle grob zerkleinern.

2 Die Chilischote halbieren, entkernen, waschen und fein hacken. Das Öl in einer großen Pfanne (oder einer Grillpfanne) stark erhitzen. Die Filetsteaks darin auf jeder Seite ca. 1 Min. anbraten. Die Hitze reduzieren und die Steaks auf jeder Seite noch 1–3 Min. braten (1 Min. für blutig, 3 Min. für rosa). Zwischendurch mit Salz und Espressopfeffer würzen. Das Nudelwasser salzen und die Spaghettini darin nach Packungsanweisung bissfest garen. In ein Sieb abgießen, gut abtropfen lassen.

3 Die Steaks aus der Pfanne nehmen und in Alufolie gewickelt kurz ziehen lassen. Die Chiliwürfelchen in die Pfanne geben und im Bratensatz der Steaks anbraten. Das Olivenöl und die abgetropften Nudeln dazugeben und mit den Chiliwürfelchen und nach Belieben dem Rucola mischen. Die Steaks mit den Chili-Spaghettini anrichten.

»» On Top

Etwas frisches Gemüse oder ein bunter Salat runden das feine Essen perfekt ab. Gut passen beispielsweise schräg in Scheiben geschnittene und in Olivenöl gebratene Zucchini, gern mit ein paar Pinienkernen verfeinert. Oder wie wäre es mit einem Salat aus Rucola und einigen in feine Streifen geschnittenen, eingelegten Paprikaschoten? «««

Hüftsteaks karibische Art

Für 4 Personen
Pro Portion ca. 685 kcal

750 g Süßkartoffeln
Salz
1 Stück Ingwer (ca. 30 g)
2 rote Chilischoten
½ kleine Ananas
1 Mango
1 Handvoll Koriandergrün
5 EL Öl
4 Hüftsteaks vom Rind (à 160–200 g)
Pfeffer aus der Mühle

1 Die Süßkartoffeln waschen, schälen und würfeln. Zugedeckt in etwas Salzwasser ca. 15 Min. garen. Inzwischen den Ingwer schälen, die Chilischoten halbieren, entkernen und waschen. Beides fein hacken. Die Ananas schälen, den harten Strunk entfernen und das Fruchtfleisch möglichst klein würfeln. Die Mango schälen, das Fruchtfleisch vom Stein schneiden und ebenfalls klein würfeln.

2 Das Koriandergrün waschen und trocken schütteln, die Blättchen abzupfen und fein hacken. Mit Ingwer, Chilischoten, Ananas- und Mangowürfeln in eine Schüssel geben. 3 EL Öl hinzufügen und alles gut mischen.

3 In einer schweren Pfanne das restliche Öl erhitzen und die Steaks darin auf jeder Seite knapp 1 Min. anbraten. Die Hitze reduzieren und die Steaks auf jeder Seite weitere 2–3 Min. braten, zwischendurch salzen und pfeffern. Die Süßkartoffeln abgießen und abtropfen lassen.

4 Die Steaks aus der Pfanne nehmen, in Alufolie wickeln und 2–3 Min. ziehen lassen. Die Ananas-Salsa abschmecken. Die Steaks mit der Salsa und den Süßkartoffeln anrichten.

Fertig in 30 Minuten

Fertig in 25 Minuten

Fertig in 30 Minuten

Auf zur Schnitzeljagd! Als »Beute« winken ein Geschnetzeltes mit Speck, Pilzen und Kirschen oder ein Marsalaschnitzel mit Nudeln und Brokkoli.

Geschnetzeltes mit Kirschen

Für 4 Personen
Pro Portion ca. 695 kcal

4 Schweineschnitzel (à ca. 100 g)
100 g durchwachsener Räucherspeck
300 g gemischte Pilze (z. B. Egerlinge und Austernpilze)
1 kleines Glas entsteinte Sauerkirschen (370 g Abtropfgewicht)
Salz
400 g Spätzle (aus dem Kühlregal)
2 EL Öl
Pfeffer aus der Mühle
150 g Crème fraîche
½ Bund Petersilie

1 Für die Spätzle Wasser zum Kochen bringen. Inzwischen die Schnitzel in dünne Streifen schnetzeln. Den Speck in kleine Würfel schneiden. Die Pilze putzen, trocken abreiben und etwas kleiner schneiden. Die Sauerkirschen in ein Sieb abgießen und gut abtropfen lassen.

2 Das Wasser für die Spätzle salzen und die Spätzle darin nach Packungsanweisung zubereiten. Inzwischen in einer breiten Pfanne ca. 1 EL Öl erhitzen. Das Fleisch darin rundherum 1–2 Min. scharf anbraten und wieder herausnehmen. Das restliche Öl in die Pfanne geben und den Speck darin bei mittlerer Hitze knusprig braten. Die Pilze dazugeben und ca. 2 Min. mitbraten.

3 Das Fleisch wieder in die Pfanne geben, alle Zutaten gut mischen und mit Salz und Pfeffer würzen. Die Crème fraîche unterrühren und alles einmal aufkochen. Die Kirschen untermischen und kurz erhitzen.

4 Die Petersilie waschen und trocken schütteln, die Blättchen abzupfen, grob hacken und über das Geschnetzelte streuen. Die Spätzle in ein Sieb abgießen, abtropfen lassen und dazu servieren.

Marsalaschnitzel mit Orecchiette

Für 4 Personen
Pro Portion ca. 675 kcal

4 Kalbs- oder Schweineschnitzel (à 125–150 g)
1 kleine Knoblauchzehe
2 EL Butterschmalz (ersatzweise Öl)
Salz | Pfeffer aus der Mühle
500 g Orecchiette (Öhrchennudeln)
250 g kleine TK-Brokkoliröschen
⅛ l trockener Marsala (ersatzweise Fleischbrühe)
2 EL eiskalte Butter
3–4 Stängel Petersilie

1 Reichlich Wasser für Nudeln und Brokkoli zum Kochen bringen. Inzwischen die Schnitzel eventuell zwischen zwei Lagen Frischhaltefolie gleichmäßig flach (knapp 1 cm) klopfen. Den Knoblauch schälen und durch die Presse drücken. Das Butterschmalz in einer breiten Pfanne nicht zu stark erhitzen und die Schnitzel darin auf beiden Seiten ca. 5 Min. braten. Dabei nach der Hälfte der Zeit den Knoblauch dazugeben und die Schnitzel mit Salz und Pfeffer würzen.

2 Parallel dazu das Nudelwasser salzen, die Nudeln darin nach Packungsanweisung bissfest garen. 5 Min. vor Ende der Garzeit den gefrorenen Brokkoli zugeben.

3 Die Schnitzel aus der Pfanne nehmen und zugedeckt warm halten. Den Marsala in die Pfanne gießen und den Bratensatz unter Rühren lösen. Die Butter in kleine Würfel schneiden und nach und nach mit einem Schneebesen unter die Sauce rühren. Abschmecken und die Schnitzel noch kurz in der Sauce ziehen lassen. Die Petersilie waschen und trocken schütteln, die Blättchen abzupfen und grob hacken.

4 Nudeln und Brokkoli in ein Sieb abgießen und gut abtropfen lassen. Mit den Schnitzeln und der Sauce anrichten. Die Petersilie darüberstreuen.

Schnitzelchen mit Salsa verde

Presto, presto: Die würzige Petersiliensauce aus Italien ist ein Zaubermittel, um kleine Schnitzel im Nu aufzupeppen. Wir sagen Grazie!

Für 4 Personen
Pro Portion ca. 575 kcal

250 g Langkornreis
Salz
2 Bund Petersilie
1 Zwiebel
4 Sardellenfilets (aus dem Glas, ersatzweise 1–2 TL Sardellenpaste)
2 EL Kapern
2 EL Weißweinessig
100 ml Olivenöl
Pfeffer aus der Mühle
400–500 g Schweinefilet

1 Den Reis zugedeckt in Salzwasser nach Packungsanweisung garen. Inzwischen die Petersilie waschen und trocken schütteln, die Blättchen abzupfen und fein hacken.

2 Die Zwiebel schälen, die Sardellenfilets kalt abbrausen und trocken tupfen. Beides fein hacken. Die Kapern ebenfalls hacken. Zwiebel, Sardellen, Kapern und die Hälfte der gehackten Petersilie mischen. Den Essig und 4 EL Olivenöl unterrühren und die Salsa verde mit Salz und Pfeffer abschmecken.

3 Das Fleisch in 1 cm dicke Scheiben schneiden. Das restliche Olivenöl in einer Pfanne erhitzen und die Schnitzelchen darin auf jeder Seite ca. 1 Min. braten. Mit Salz und Pfeffer würzen.

4 Die Schnitzelchen mit der Salsa verde anrichten. Den Reis, falls nötig, abtropfen lassen, mit der übrigen gehackten Petersilie mischen und dazu servieren.

»» Turbo-Tipp

Die Mini-Schnitzel stehen sogar in ca. 15 Min. auf dem Tisch, wenn Sie Kurzzeit-Reis garen und mit TK-Petersilie verfeinern. Und noch schneller geht's, wenn Sie eine fertige Kräutersauce kaufen, zum Beispiel Basilikumpesto oder die in Hessen beliebte Grüne Sauce. «««

Schweinefilet mit Schafskäse

Für 4 Personen
Pro Portion ca. 610 kcal

250 g Weichweizen
Salz
1 Bio-Zitrone
100 g entsteinte grüne Oliven
500–600 g Schweinefilet
4 EL Olivenöl
Pfeffer aus der Mühle
200 g Schafskäse (Feta)
3 EL Tomatenmark
1 Handvoll Koriandergrün

1 Den Weichweizen in Salzwasser nach Packungsanweisung bissfest garen. Inzwischen die Zitrone heiß waschen und abtrocknen, die Schale fein abreiben und den Saft auspressen. Die Oliven halbieren.

2 Das Schweinefilet in ca. 1 cm dicke Scheiben schneiden. Das Olivenöl in einer Pfanne erhitzen und die Filetscheiben darin auf beiden Seiten knapp 1 Min. scharf anbraten. Die Hitze reduzieren und das Fleisch mit Salz und Pfeffer würzen. Die Oliven dazugeben, den Schafskäse über der Pfanne zerbröckeln. Zitronenschale und -saft hinzufügen und alles zugedeckt 2–3 Min. garen, bis der Käse zu schmelzen beginnt.

3 Den Weichweizen in ein Sieb abgießen und gut abtropfen lassen. Wieder in den Topf geben und mit dem Tomatenmark mischen. Das Koriandergrün waschen und trocken schütteln, die Blättchen abzupfen und grob hacken.

4 Die überbackenen Filetscheiben mit dem Weichweizen anrichten und das Koriandergrün darüberstreuen.

»» Turbo-Tipp

Noch schneller geht's, wenn Sie anstelle des Weichweizens frisches Fladenbrot als Beilage genießen. «««

Aufgespießt oder gerollt? Die Spieße kommen mit würzigem Paprikagemüse auf den Teller, zu den italienischen Mini-Rouladen gibt's gebratene Kartoffeln.

Leber-Weißbrot-Spieße

Für 4 Personen
Pro Portion ca. 360 kcal

2 große rote Paprikaschoten
400 g Kalbsleber
2 Brötchen oder 8 kleine Scheiben Weißbrot
16 frische Lorbeerblätter
5 EL Olivenöl
2 Knoblauchzehen
Salz | Pfeffer aus der Mühle
4 EL Crema di balsamico
Außerdem:
8 Holzspieße

1 Die Paprikaschoten halbieren, Trennwände und Kerne entfernen. Die Hälften waschen, nochmals längs durchschneiden und dann quer in ca. 1 cm breite Streifen schneiden. Die Leber waschen und trocken tupfen, von Sehnen befreien und mundgerecht würfeln. Die Brötchen in Scheiben schneiden und ebenfalls würfeln. Die Lorbeerblätter waschen und trocken tupfen.

2 Abwechselnd Leberstücke, Weißbrot und Lorbeerblätter auf die Spieße stecken. In einer Pfanne 2 EL Olivenöl nicht zu stark erhitzen. Eine Knoblauchzehe schälen und dazupressen. Die Spieße im Knoblauchöl rundherum anbraten. Mit Salz und Pfeffer würzen und bei schwacher Hitze knapp 10 Min. braten, dabei ab und zu wenden.

3 Parallel dazu das übrige Olivenöl in einer zweiten Pfanne oder in einem Topf erhitzen, die zweite Knoblauchzehe schälen und dazupressen. Die Paprikastreifen hinzufügen und unter häufigem Rühren 6–8 Min. braten, mit Salz und Pfeffer würzen.

4 Die Spieße mit dem Paprikagemüse anrichten. Crema di balsamico in feinen Linien darüberträufeln.

Involtini mit Tomatenfüllung

Für 4 Personen
Pro Portion ca. 490 kcal

600 g kleine neue Kartoffeln oder Drillinge
Salz
8 dünne Kalbsschnitzel (à ca. 50 g)
4 EL rotes Pesto (aus dem Glas)
4 dünne Scheiben Parmaschinken
8 getrocknete Tomaten (in Öl)
4 EL frisch geriebener Parmesan
4 EL Olivenöl
Pfeffer aus der Mühle
400 ml Kalbsfond (aus dem Glas, ersatzweise Brühe)
Außerdem:
Holzspießchen

1 Die Kartoffeln waschen und gründlich abbürsten. Längs vierteln und zugedeckt in wenig Salzwasser ca. 15 Min. garen. Inzwischen die Kalbsschnitzel einzeln zwischen zwei Lagen Frischhaltefolie flach (ca. ½ cm) klopfen. Je auf einer Seite mit dem Pesto bestreichen. Die Schinkenscheiben halbieren und je ½ Schinkenscheibe und 1 getrocknete Tomate auf jedes Schnitzel legen. 2 EL Parmesan darüberstreuen. Die Schnitzel aufrollen und mit Holzspießchen feststecken.

2 In einer breiten beschichteten Pfanne ca. 3 EL Olivenöl erhitzen. Die Involtini darin rundherum scharf anbraten, dann bei schwacher Hitze 6–8 Min. braten, zwischendurch wenden und mit Salz und Pfeffer würzen. Herausnehmen und zugedeckt warm halten. Den Fond in die Pfanne gießen und den Bratensatz unter Rühren lösen. Bei starker Hitze auf die Hälfte einkochen lassen.

3 Die Kartoffeln abgießen und im Topf lassen. Das restliche Olivenöl dazugeben und die Kartoffeln rundherum kurz braten. Den übrigen Parmesan unterrühren. Die Involtini mit Sauce und Kartoffelspalten anrichten.

Hähnchenschnitzel mit Pesto-Schupfnudeln

Speed-Dating auf dem Teller: Italienisches Pesto trifft auf heimische Schupfnudeln und wird zur grenzüberschreitenden Beilage zu flotten Schnitzeln.

Für 4 Personen
Pro Portion ca. 490 kcal

3 EL Olivenöl
600 g Schupfnudeln (aus dem Kühlregal)
4 Hähnchenschnitzel (à ca. 140 g)
Salz | Pfeffer aus der Mühle
2 EL Tomatenmark
100 g Kirschtomaten
⅛ l Hühnerbrühe
2–3 EL Basilikumpesto (aus dem Glas)

1 In einer beschichteten Pfanne 1½ EL Olivenöl erhitzen und die Schupfnudeln darin rundherum goldbraun braten. Die Hähnchenschnitzel waschen und trocken tupfen. Das restliche Olivenöl in einer zweiten Pfanne (nach Belieben in einer Grillpfanne) erhitzen und die Schnitzel darin auf beiden Seiten scharf anbraten. Salzen und pfeffern, dann bei reduzierter Hitze auf jeder Seite noch 2–3 Min. braten. Zwischendurch das Tomatenmark aufstreichen.

2 Die Kirschtomaten waschen, trocken tupfen, halbieren und zu den Schnitzeln in die Pfanne geben. Die Brühe dazugießen und aufkochen lassen. Das Pesto zu den Schupfnudeln geben und untermischen. Die Schupfnudeln 1–2 Min. weiterbraten.

3 Die Hähnchenschnitzel aus der Pfanne nehmen und den Bratensatz durch Rühren lösen. Die Sauce noch einmal aufkochen. Die Schupfnudeln mit den Schnitzeln, der Sauce und den Tomaten anrichten.

⟫⟫⟫ Einkaufstipp

Kaufen Sie am besten flache Hähnchenschnitzel. Wenn Sie Hähnchenbrustfilets verwenden, sollten Sie diese mit einem scharfen Messer auf einer Seite sehr tief einschneiden und auseinanderklappen, damit flache Schnitzel entstehen. Oder Sie braten die Hähnchenfilets insgesamt ca. 10 Min. ⟪⟪⟪

Fertig in 20 Minuten

Internationale Hackfleisch-Hits: Die mediterran angehauchten Frikadellen werden bald genauso zu Ihren Lieblingsrezepten gehören wie die orientalische Hackpfanne mit Kichererbsen. Wetten?

Salbeifrikadellen mit Möhren

Für 4 Personen
Pro Portion ca. 610 kcal

600 g Möhren
Salz
100 g geräucherter Schinken (z. B. Parmaschinken)
4–5 Zweige Salbei
4 EL Butter
500 g Rinderhackfleisch
Pfeffer aus der Mühle
2 EL Zucker
1 kleine Bio-Zitrone
1 Baguette (evtl. mit Nüssen oder Kräutern)

1 Die Möhren schälen und in Stifte oder Scheiben schneiden. Zugedeckt in wenig Salzwasser gut 5 Min. dünsten. Inzwischen den Schinken in Streifen schneiden. Den Salbei waschen und trocken schütteln, die Blättchen abzupfen und in Streifen schneiden.

2 In einer breiten beschichteten Pfanne 1 EL Butter zerlassen. Schinken und Salbei darin kurz anbraten. Aus der Pfanne nehmen und etwas abkühlen lassen. Mit dem Hackfleisch mischen und mit Salz und Pfeffer würzen. Den Fleischteig in acht Portionen teilen, zu Frikadellen formen und diese etwas flach drücken. Die Möhren in ein Sieb abgießen und abtropfen lassen.

3 Wieder 1 EL Butter in der Pfanne zerlassen und die Frikadellen darin rundherum anbraten. Die Hitze reduzieren und die Frikadellen insgesamt noch ca. 10 Min. braten, bis sie gar sind, dabei einmal wenden.

4 In einem Topf die restliche Butter zerlassen und die Möhren dazugeben. Den Zucker darüberstreuen und leicht karamellisieren. Die Zitrone heiß waschen und abtrocknen, die Schale in Spänen abziehen und den Saft auspressen. Beides zu den Möhren geben. Die Frikadellen mit den Möhren anrichten. Baguette dazu reichen.

Orientalische Hackpfanne

Für 4 Personen
Pro Portion ca. 465 kcal

2 Zwiebeln
2 EL Öl
600 g Rinderhackfleisch
1 Dose Kichererbsen (285 g Abtropfgewicht)
Salz | Pfeffer aus der Mühle
2 TL gemahlener Kreuzkümmel
1 TL edelsüßes Paprikapulver
½ TL Zimtpulver
250 g Naturjoghurt

1 Die Zwiebeln schälen und fein würfeln. Das Öl in einer breiten Pfanne erhitzen und die Zwiebeln darin leicht anbraten. Das Hackfleisch dazugeben und unter Rühren krümelig braten.

2 Die Kichererbsen in ein Sieb abgießen, abtropfen lassen und zum Hackfleisch geben. Etwa ⅛ l Wasser dazugießen und unterühren, alles mit Salz, Pfeffer, Kreuzkümmel, Paprikapulver und Zimt würzen. Bei mittlerer Hitze gut 5 Min. garen.

3 Den Joghurt gut verrühren und mit Salz und Pfeffer würzen. Die Hackfleischpfanne abschmecken, zum Servieren jeweils 1 EL Joghurt daraufgeben. Den übrigen Joghurt dazu servieren.

›› On Top

Wenn Sie noch eine Beilage servieren möchten – Fladenbrot passt bestens, aber auch Reis harmoniert gut mit der würzigen Hackfleischpfanne. ‹‹

Kasseler mit Apfel-Curry-Linsen

Turbo-Küche mit Raffinesse: Bei den Linsen sorgt Currypulver für überraschende Aromen, das Kasseler bekommt durch Honig eine neue Note.

Für 4 Personen
Pro Portion ca. 455 kcal

500 g Kartoffelknödelteig (aus dem Kühlregal)
Salz
2 EL Butter
4 Kasseler-Koteletts (à ca. 180 g)
1 Zwiebel
2–3 TL Currypulver
200 g rote Linsen
2 kleine rotschalige Äpfel
Pfeffer aus der Mühle
1–2 EL flüssiger Honig

1 Reichlich Wasser für die Klößchen in einem breiten Topf zum Kochen bringen. Inzwischen den Knödelteig zu tischtennisballgroßen Klößchen formen. Das Wasser salzen und die Klößchen darin bei schwacher Hitze in gut 10 Min. gar ziehen lassen.

2 Währenddessen in einer breiten Pfanne 1 EL Butter zerlassen und die Kasseler-Koteletts darin bei schwacher bis mittlerer Hitze ca. 10 Min. braten. Dabei einmal wenden.

3 Gleichzeitig die Zwiebel schälen und fein würfeln. Die restliche Butter in einem Topf zerlassen und die Zwiebel darin glasig dünsten. Das Currypulver darüberstäuben und anrösten. Ca. 400 ml Wasser dazugießen. Die Linsen hinzufügen, das Wasser aufkochen und die Linsen bei mittlerer Hitze ca. 6 Min. köcheln lassen.

4 Die Äpfel waschen und gut trocken reiben. Vierteln, vom Kerngehäuse befreien und in Spalten oder Würfel schneiden. Zu den Linsen geben, mit Salz und Pfeffer abschmecken und 1–2 Min. köcheln lassen. Den Honig über die Koteletts träufeln und verteilen. Die Koteletts noch einmal wenden und mit dem Linsengemüse anrichten. Die Klößchen mit einer Schaumkelle aus dem Wasser heben, abtropfen lassen und dazu servieren.

»» Turbo-Tipp

Nach 15 Min. stehen Kotelett und Linsen auf dem Tisch, wenn Sie statt der Knödel Kartoffelpüree aus der Packung oder Bauernbrot dazu reichen. Ebenfalls blitzschnell fertig und passend: in Butter goldbraun gebratene Schupfnudeln. «««

Griechenland oder Indien gewünscht? Am besten beides: mit Zitrone und viel Knoblauch gewürzte Lammkoteletts und Entenbrust mit knuspriger Mandelkruste.

Lammkoteletts mit Zimtnudeln

Für 4 Personen
Pro Portion ca. 940 kcal

12 Lammkoteletts
Salz
250–300 g griechische Reisnudeln (Kritharaki)
4 Knoblauchzehen
1 Bio-Zitrone
10 Zweige Majoran
6 EL Olivenöl
Pfeffer aus der Mühle
1 große Dose stückige Tomaten (800 g)
½ TL Zimtpulver

1 Reichlich Wasser für die Nudeln zum Kochen bringen. Inzwischen die Lammkoteletts waschen und trocken tupfen. Das Nudelwasser salzen und die Nudeln darin nach Packungsanweisung bissfest garen.

2 Den Knoblauch schälen und durch die Presse drücken. Die Zitrone heiß waschen und abtrocknen, 2 TL Schale fein abreiben und den Saft auspressen. Den Majoran waschen und trocken schütteln, die Blättchen abzupfen und fein hacken. Alles in einem tiefen Teller mit dem Olivenöl verrühren und mit Pfeffer würzen. Die Lammkoteletts darin wenden.

3 Die Nudeln in ein Sieb abgießen und gut abtropfen lassen. Mit den Dosentomaten wieder in den Topf geben und erwärmen. Parallel dazu eine breite Pfanne erhitzen. Die Lammkoteletts darin auf jeder Seite ca. 3 Min. braten. Zwischendurch salzen und mit der verbliebenen Marinade bestreichen.

4 Die Nudeln mit Salz, Pfeffer und Zimt würzen und zu den Lammkoteletts servieren. Den Zitronensaft über das Fleisch träufeln.

Mandel-Entenbrust mit Spinat

Für 4 Personen
Pro Portion ca. 440 kcal

4 Knoblauchzehen
2 grüne Chilischoten
½ Bund Koriandergrün
2 EL Butterschmalz
500 g TK-Blattspinat
2 Entenbrustfilets (à ca. 350 g)
2 EL Garam Masala
Salz
50 g gemahlene Mandeln
2 EL Zitronensaft

1 Den Knoblauch schälen. Die Chilischoten halbieren, entkernen und waschen. Das Koriandergrün waschen, trocken schütteln und die Blättchen abzupfen. Alles fein hacken. Etwas Knoblauch in einem Topf in 1 EL Butterschmalz anbraten. Den gefrorenen Spinat dazugeben, langsam auftauen und dann aufkochen lassen. Den Spinat zugedeckt warm halten.

2 Inzwischen die Entenbrustfilets waschen und trocken tupfen. Das restliche Butterschmalz in einer breiten Pfanne erhitzen, die Filets darin auf der Hautseite anbraten. Wenden und auf der zweiten Seite anbraten. Die Hitze reduzieren, die Filets gut 10 Min. weiterbraten, dabei öfter wenden. Mit Garam Masala und Salz würzen.

3 Die Filets an den Rand der Pfanne schieben. Den restlichen Knoblauch und die Mandeln in die Mitte der Pfanne geben und kurz anbraten. Etwa ⅛ l Wasser dazugießen und alles gut verrühren. Die Entenbrustfilets vom Rand in die Mischung schieben. Den Zitronensaft darüberträufeln und die Mandelmischung abschmecken. Den Spinat mit Salz würzen. Die Entenbrustfilets in Scheiben schneiden mit dem Spinat und der Sauce anrichten.

Süßes

Wie wär's mit gefüllten Crêpes, Apfel-Aprikosen-Schmarren, Milchreis mit Feigen oder Orangengrieß mit Rhabarberkompott? Hier kommen die Turbo-Rezepte für süße Schlemmer – zum Satt-essen für zwei oder als Dessert für vier Personen. Einfach unwiderstehlich und garantiert im Nu zubereitet.

Dickmilchkaltschale mit Beeren

Perfekt an heißen Tagen: Eine schnell angerührte Kaltschale mit Beeren und Kokos macht auf erfrischende Art satt und glücklich.

Für 2 Personen als Hauptgericht,
für 4 als Dessert
Bei 4 Personen pro Portion ca. 230 kcal

1 kleine Bio-Limette
500 g Dickmilch
100 g Naturjoghurt
2 EL Zucker
1 Päckchen Vanillezucker
2 Scheiben Pumpernickel
1 EL Butter
150 g gemischte Beeren (frisch oder TK)
2 EL Kokosraspel

1 Die Limette heiß waschen und abtrocknen. Die Schale fein abreiben und den Saft auspressen. Beides mit Dickmilch, Joghurt, Zucker und Vanillezucker gründlich verrühren.

2 Das Pumpernickel fein zerkrümeln. Die Butter in einer kleinen Pfanne zerlassen und das Pumpernickel darin 2–3 Min. braten, bis es knusprig ist. Frische Beeren waschen, verlesen, putzen und eventuell klein schneiden. TK-Früchte zugedeckt in der Mikrowelle auftauen lassen.

3 Die Kaltschale noch einmal umrühren und auf tiefe Teller verteilen. Das Pumpernickel und die Beeren darauf verteilen. Die Kokosraspel in einer kleinen beschichteten Pfanne ohne Fett rösten und über die Kaltschale streuen.

»»» Und beim nächsten Mal...

Dieses Rezept können Sie ganz nach Lust und Laune variieren: Statt Dickmilch können Sie Buttermilch oder Kefir nehmen und den Pumpernickel auch einmal durch geröstete Zwiebackbrösel ersetzen. An Früchten kommt stets das hinein, was gerade verlockend duftet oder leuchtet. Und wenn es ganz schnell gehen muss, kann auch Kompott aus dem Glas für fruchtige Abwechslung sorgen. «««

Milchreis mit Feigen

Für 2 Personen als Hauptgericht,
für 4 als Dessert
Bei 4 Personen pro Portion ca. 290 kcal

375 ml Milch
120 g 10-Minuten-Langkornreis
4 Feigen
1 EL Butter
1 Päckchen Vanillezucker
1 Bio-Zitrone
1–2 EL Zucker
2 EL Mascarpone (50 g)

1 Die Milch in einem kleinen Topf aufkochen. Den Reis einstreuen und bei mittlerer Hitze ca. 10 Min. köcheln lassen. Den Topf von der Herdplatte ziehen und den Reis zugedeckt ca. 10 Min. quellen lassen.

2 Inzwischen die Feigen vorsichtig waschen, trocken tupfen und halbieren oder vierteln. Die Butter in einer kleinen beschichteten Pfanne zerlassen und die Feigen darin rundherum kurz anbraten. Den Vanillezucker darüberstreuen und leicht karamellisieren lassen.

3 Die Zitrone heiß waschen und abtrocknen, 1 TL Schale fein abreiben und den Saft auspressen. Zitronenschale und -saft mit dem Zucker und dem Mascarpone unter den ausgequollenen Reis rühren. Den Reis mit den gebratenen Feigen anrichten.

⟫⟫⟫ Einkaufstipps

Im Supermarkt gibt es viele verschiedene Reissorten mit verkürzter Garzeit. Meist handelt es sich dabei um Langkornreis, seltener bekommt man auch Rundkorn-Milchreis, der nach nur 10 Min. fertig ist. Für dieses Rezept können Sie beide Sorten verwenden, der Langkornreis wird körniger und bissfester. Wenn Sie keinen losen Reis bekommen, nehmen Sie Reis im Kochbeutel. Den Beutel aufschneiden und die Körner in die Milch streuen – weiter geht's wie oben beschrieben. Und wenn Sie keine frischen Feigen bekommen, bereiten Sie den Milchreis – je nach Saison – mit Erdbeeren oder Mangos zu. ⟪⟪⟪

Schnell gemacht und einfach genial: Für hauchzarte Crêpes mit cremiger Füllung oder fluffige Pancakes mit Pfirsichen lässt manch einer sogar einen »richtigen« Kuchen stehen.

Gefüllte Espresso-Crêpes

Für 2 Personen als Hauptgericht, für 4 als Dessert
Bei 4 Personen pro Portion ca. 310 kcal

100 g Mehl
1 Ei
200 ml Milch
50 ml starker Espresso
150 g Quark (20 % Fett)
150 g Naturjoghurt
2 EL Zucker
150 g Sauerkirschen
ca. 2 EL Butter
Außerdem:
Puderzucker zum Bestäuben

1 Das Mehl mit dem Ei, der Milch und dem Espresso verrühren. Den Teig ca. 5 Min. quellen lassen. Inzwischen den Quark mit dem Joghurt und dem Zucker gründlich verrühren. Die Kirschen waschen, entsteinen und unter die Quark-Joghurt-Mischung rühren.

2 Aus dem Teig nach und nach in ganz wenig Butter in einer beschichteten Pfanne dünne Crêpes backen. Mit der Quark-Joghurt-Creme bestreichen und aufrollen. Zum Servieren mit Puderzucker bestäuben.

»»» Turbo-Tipp

Sie lieben die dünnen französischen Pfannkuchen? Dann sollten Sie sich einen Crêpes-Maker zulegen. Bei diesem kleinen elektrischen Helfer kommt der angerührte Teig in einen tiefen Teller. Eine aufgeheizte teflonbeschichtete Platte wird kurz hineingetaucht und wieder umgedreht. Etwas Teig bleibt am heißen Metall haften und backt noch kurz weiter – fertig ist eine superdünne Crêpe! «««

Schoko-Pancakes mit Pfirsichen

Für 2 Personen als Hauptgericht, für 4 als Dessert
Bei 4 Personen pro Portion ca. 420 kcal

3 Eier
2 EL Zucker
150 ml Milch
100 g Quark (20 % Fett)
1 EL Kakaopulver
120 g Mehl
ca. 4 EL Butter
50 g weiße Schokolade
2 Pfirsiche

1 Die Eier mit dem Zucker und 2 EL heißem Wasser schaumig schlagen. 100 ml Milch und den Quark einrühren. Das Kakaopulver fein sieben, mit dem Mehl mischen und unter den Teig rühren.

2 In einer beschichteten Pfanne etwas Butter zerlassen. Für jeden Pancake ca. 2 EL Teig hineingeben und auf beiden Seiten goldbraun backen. Nach und nach ca. 12 Pancakes backen, zwischendurch immer wieder etwas Butter in die Pfanne geben. Fertige Schoko-Pancakes nach Belieben im Backofen bei 50° warm halten.

3 Die restlichen 50 ml Milch in einem kleinen Topf erwärmen. Die Schokolade in Stücke brechen und in der Milch schmelzen. Die Pfirsiche waschen und trocken reiben, in Spalten schneiden und entsteinen. Wenn alle Pancakes gebacken sind, die restliche Butter in der Pfanne zerlassen und die Pfirsichspalten kurz darin schwenken. Die Pancakes mit den Pfirsichen und der Schokoladensauce anrichten.

Orangengrieß mit Rhabarberkompott

Schmeckt wie bei Oma: Samtiger Grieß mit fruchtigem Kompott weckt beim Löffeln Erinnerungen an glückliche Kindertage.

Für 2 Personen als Hauptgericht,
für 4 als Dessert
Bei 4 Personen pro Portion ca. 285 kcal

350 g Rhabarber
2 EL Honig
1 kleine Bio-Orange
¼ l Milch
1 EL Butter
2 EL Zucker
80 g Hartweizengrieß
1 Ei
4 EL gehackte Pistazienkerne

1 Den Rhabarber waschen, putzen und die Fäden abziehen, größere Stangen eventuell schälen. Die Stangen in 2–3 cm lange Stücke schneiden und mit dem Honig und 3–4 EL Wasser in einen kleinen Topf geben. Zugedeckt aufkochen und 1–2 Min. leicht köcheln lassen. Das Rhabarberkompott in eine Schüssel umfüllen und beiseitestellen.

2 Die Orange heiß waschen und abtrocknen. Die Schale fein abreiben und den Saft auspressen. Die Milch mit der Butter, dem Zucker und der Orangenschale aufkochen. Den Grieß unter ständigem Rühren einrieseln und bei schwacher Hitze 2–3 Min. ausquellen lassen. Den Topf von der Herdplatte ziehen, das Ei und den Orangensaft unter den Grieß rühren.

3 Den Orangengrieß mit dem Rhabarberkompott anrichten und mit den gehackten Pistazienkernen bestreuen.

⟫⟫⟫ Und beim nächsten Mal …

Grieß und Kompott lassen sich im Handumdrehen immer wieder abwandeln. Wie wäre es mit einem leicht säuerlichen Zitronengrieß, begleitet von eher mildem Birnen- oder Pfirsichkompott? Oder Sie würzen den Grieß mit etwas gemahlener Vanille bzw. Vanillezucker und servieren dazu ein Kompott aus säuerlichen Äpfeln. Ebenfalls fein: geriebene Schokolade unter den Grieß rühren und schmelzen lassen, dazu ein Kompott aus Sauerkirschen zubereiten. ⟪⟪⟪

Fertig in 15 Minuten

Nudeln und Schupfnudeln machen auch in süßer
Begleitung eine gute Figur, ob überbacken mit Kirschen
und Sahne oder umhüllt von heißer Nugatsauce mit Orangen.

Schwarzwälder Nudelgratin

Für 2 Personen als Hauptgericht, für 4 als Dessert
Bei 4 Personen pro Portion ca. 330 kcal

Salz
125 g kleine Nudeln mit kurzer Garzeit
(z. B. Mini-Farfalle)
ca. 2 TL Butter für die Formen
175 g entsteinte Sauerkirschen (aus dem Glas)
2 Eier
100 g Sahne oder 100 ml Milch
1 Päckchen Vanillezucker
1–2 EL Zucker
2 EL Mandelblättchen
nach Belieben 2 EL Schokoraspel zum Bestreuen

1 Für die Nudeln gut 1 l Wasser zum Kochen bringen. Den Backofen auf 225° (Umluft 200°) vorheizen. Das Nudelwasser salzen und die Nudeln darin nach Packungsanweisung sehr bissfest garen.

2 Inzwischen zwei Portions-Gratinformen (18–20 cm Ø) oder vier ofenfeste tiefe Teller mit Butter ausstreichen. Die Kirschen in einem Sieb abtropfen lassen und auf die Formen verteilen. Die Nudeln in ein Sieb abgießen, gut abtropfen lassen und mit den Kirschen mischen.

3 Die Eier mit Sahne oder Milch, Vanillezucker und Zucker verquirlen. Über Nudeln und Kirschen verteilen. Mit den Mandelblättchen bestreuen und im heißen Ofen (Mitte) ca. 15 Min. gratinieren. Nach Belieben vor dem Servieren mit Schokoraspeln bestreuen.

››› Turbo-Tipp

Noch schneller geht's, wenn Sie die abgetropften Nudeln und Kirschen in einer beschichteten Pfanne mischen, die Eiersahne darübergießen und zugedeckt bei schwacher Hitze ca. 5 Min. stocken lassen. ‹‹‹

Schupfnudeln mit Nugatsauce

Für 2 Personen als Hauptgericht, für 4 als Dessert
Bei 4 Personen pro Portion ca. 425 kcal

2 EL Butter
400 g Schupfnudeln (aus dem Kühlregal)
2 Bio-Orangen
50 g Mandelstifte
200 ml Milch
1 TL Speisestärke
65 g Nussnugatcreme
2 EL Puderzucker

1 Die Butter in einer breiten beschichteten Pfanne zerlassen. Die Schupfnudeln darin bei mittlerer Hitze rundherum goldbraun braten.

2 Inzwischen die Orangen heiß waschen und abtrocknen. Von einer Orange die Schale in langen Spiralen abschälen und zum Garnieren beiseitelegen. Von der anderen die Schale mit einem Zestenreißer in feinen Streifen abziehen. Beide Orangen mit einem scharfen Messer so schälen, dass die weiße Haut vollständig entfernt wird, und die Fruchtfilets aus den Trennhäuten schneiden.

3 Die Mandelstifte zu den Schupfnudeln geben und goldbraun rösten. In einem kleinen Topf die Milch mit der Stärke glatt rühren und unter Rühren langsam zum Kochen bringen. Die Nugatcreme darin unter Rühren schmelzen.

4 Die Orangenfilets und -schalenstreifen zu den Schupfnudeln geben. Alles kurz braten, damit die Orangen heiß werden. Den Puderzucker darüberstäuben und etwas karamellisieren lassen. Die Schupfnudeln auf Teller verteilen und mit den Orangenspiralen garnieren. Die Nugatsauce dazu servieren.

Mohnpfannkuchen mit Aprikosen

**Für 2 Personen als Hauptgericht,
für 4 als Dessert
Bei 4 Personen pro Portion ca. 235 kcal**

150 g Buttermilch
75 g Mehl
Salz
2 Eier
2 EL gemahlener Mohn
250 g Aprikosen
2 EL Zucker
1 Sternanis
4 TL Butter
2 EL Crema di balsamico

1 Die Buttermilch mit dem Mehl, 1 Prise Salz, den Eiern und dem Mohn zu einem glatten Teig verrühren. Den Pfannkuchenteig 5 Min. quellen lassen.

2 Inzwischen die Aprikosen waschen und trocken tupfen, vierteln und entsteinen. Mit Zucker und Sternanis in einen kleinen Topf geben und unter Rühren zum Kochen bringen. Zugedeckt bei schwacher Hitze 2–3 Min. köcheln lassen.

3 In einer beschichteten Pfanne 1 TL Butter zerlassen. Ein Viertel des Teigs dazugeben und durch Schwenken der Pfanne gleichmäßig dünn verteilen. Auf beiden Seiten zu einem goldgelben Pfannkuchen backen. Nacheinander 4 Pfannkuchen backen, dabei jeweils 1 TL Butter in die Pfanne geben. Die Pfannkuchen auf Teller geben und die Aprikosen darauf verteilen. Oder die Pfannkuchen aufrollen, jede Rolle diagonal halbieren und mit den Aprikosen anrichten (Sternanis vorher entfernen). Crema di balsamico über die Aprikosen träufeln.

⟫⟫⟫ Tausch-Tipp

Außerhalb der Saison können Sie auch Aprikosen aus der Dose nehmen, dann aber den Zucker weglassen. Alternativ können Sie auch frische Pfirsiche oder Pflaumen verwenden. ⟪⟪⟪

Heidelbeer-Birnen-Puffer

Süßes Fastfood vom Feinsten: Kleine Pfannkuchen, in denen sich Früchte verstecken, liebt man in Amerika schon zum Frühstück.

Für 2 Personen als Hauptgericht,
für 4 als Dessert
Bei 4 Personen pro Portion ca. 400 kcal

2 Eier
1 Eigelb
200 ml Milch
Salz
1 EL Zucker
¼ TL gemahlene Vanille
250 g Mehl
1 kleine Birne
150 g TK-Heidelbeeren
Außerdem:
1–2 EL Butter zum Backen
Puderzucker und Zimtpulver zum Bestäuben

1 In einer Schüssel die Eier, das Eigelb, die Milch, 1 Prise Salz, den Zucker, die gemahlene Vanille und das Mehl mit den Quirlen des elektrischen Handrührgeräts zu einem glatten Teig verrühren.

2 Die Birne achteln, vom Kerngehäuse befreien und schälen. Die Achtel quer in Scheiben schneiden und unter den Teig rühren. Dann die gefrorenen Heidelbeeren unter den Teig rühren.

3 In einer großen beschichteten Pfanne etwas Butter zerlassen. Den Teig esslöffelweise in die Pfanne geben. Die Puffer auf der Unterseite in ca. 2 Min. goldbraun backen, wenden und auf der anderen Seite ebenfalls ca. 2 Min. backen.

4 Auf diese Weise nach und nach den ganzen Teig verarbeiten. Die Puffer mit Puderzucker und etwas Zimt bestäuben und sofort servieren.

»» Turbo-Tipp

Wenn's noch schneller gehen soll, einfach alle Puffer gleichzeitig in zwei Pfannen backen. Das macht zwar eine zweite Pfanne schmutzig, verkürzt aber die Zubereitungszeit. «««

Der Gipfel der süßen Genüsse: Beliebte Klassiker aus der Alpenküche wie Kaiserschmarren und Polenta mit Nusskaramell sind auch in der schnellen Variante ein Hit!

Apfel-Aprikosen-Schmarren

Für 2 Personen als Hauptgericht, für 4 als Dessert
Bei 4 Personen pro Portion ca. 335 kcal

2 säuerliche, feste Äpfel
6 weiche getrocknete Aprikosen
4 EL Zucker
1 EL Zitronensaft
4 Eier
1 Päckchen Vanillezucker
100 g Mehl
Außerdem:
2 EL Butter zum Backen
1–2 EL Puderzucker zum Bestäuben

1 Die Äpfel vierteln, vom Kerngehäuse befreien, schälen und in dünne Spalten schneiden. Die Aprikosen halbieren. 1 EL Zucker, Zitronensaft und 3–4 EL Wasser in einem Topf aufkochen. Die Apfelspalten und die Aprikosen darin ganz kurz dünsten, dann den Topf von der Herdplatte ziehen.

2 Die Eier trennen. Die Eiweiße steif schlagen. Die Eigelbe mit dem restlichen Zucker und dem Vanillezucker mit den Quirlen des elektrischen Handrührgeräts hell und dick-schaumig aufschlagen. Den Eischnee auf die Eigelbcreme geben, das Mehl hinzufügen und alle Zutaten mit einem Schneebesen locker vermischen.

3 In einer großen beschichteten Pfanne ca. 1 EL Butter zerlassen. Den Teig dazugeben und bei schwacher Hitze auf der Unterseite in ca. 5 Min. goldbraun backen. Den Teig mit Gabeln in Stücke reißen und wenden. Die restliche Butter in kleinen Flöckchen und die Früchte zwischen den Teigstücken verteilen. Den Schmarren in 3–4 Min. fertig backen, dabei die Stücke gelegentlich wenden. Mit Puderzucker bestäuben und servieren.

Süße Polenta mit Nusskaramell

Für 2 Personen als Hauptgericht, für 4 als Dessert
Bei 4 Personen pro Portion ca. 435 kcal

½ l Milch
2 EL Honig
125 g Polenta (feiner Maisgrieß)
2 EL Butter
2 EL Zucker
30 g gehackte Haselnusskerne
30 g gehackte Pistazienkerne
75 g Sahne

1 Die Milch mit dem Honig zum Kochen bringen. Die Polenta unter ständigem Rühren einrieseln lassen und bei ganz schwacher Hitze 5–10 Min. ausquellen lassen. Zwischendurch häufiger umrühren.

2 Inzwischen die Butter in einer Pfanne zerlassen. Den Zucker hineinstreuen und schmelzen lassen. Die Haselnuss- und Pistazienkerne dazugeben und unter häufigem Rühren goldbraun karamellisieren. Zuletzt die Sahne löffelweise dazugeben und unterrühren, bis die Zutaten sich gut vermischt haben. Die Polenta mit dem Nusskaramell in tiefen Tellern anrichten.

⟫⟫⟫ Turbo-Tipp

Nach nur 15 Min. steht die Süßspeise auf dem Tisch, wenn Sie Instant-Polenta verwenden. Einfach Milch und Honig aufkochen, die Instant-Polenta einrühren und kurz quellen lassen. Noch mal umrühren – und fertig! Und wenn Sie statt des Karamells ein fertiges Kompott aus dem Glas als Beilage wählen, reichen sogar knapp 10 Min. ⟪⟪⟪

Piña-Colada-Flammkuchen

Karibik-Feeling inklusive: Der knusprige Flammkuchen überrascht mit einem tropischen Belag aus Vanille, Kokos und Ananas.

Für 2 Personen als Hauptgericht, für 4 als Dessert
Bei 4 Personen pro Portion ca. 380 kcal

1 Rolle Flammkuchenteig (ca. 260 g, aus dem Kühlregal)
100 ml Kokosmilch
100 ml Milch
1 EL Zucker
½ Päckchen Vanillepuddingpulver zum Kochen
100 g Ananaskonfitüre
4 EL getrocknete Kokosraspel

1 Den Backofen auf 225° (Umluft 200°) vorheizen. Den Teig auseinanderrollen und mitsamt dem Backpapier auf ein Backblech legen.

2 Kokosmilch, Milch und Zucker in einem kleinen Topf zum Kochen bringen. Das Puddingpulver mit etwas kaltem Wasser anrühren und zur kochenden Milchmischung gießen. Unter Rühren einmal aufkochen lassen, dann den Topf von der Herdplatte ziehen.

3 Den Pudding auf dem Flammkuchenteig verstreichen. Die Ananaskonfitüre teelöffelweise daraufsetzen und die Kokosraspel darüberstreuen. Den Flammkuchen im heißen Ofen (unten) ca. 12 Min. backen.

»» Und beim nächsten Mal …

Bei süßem Flammkuchen sind der Fantasie keine Grenzen gesetzt: Kochen Sie den Vanillepudding z. B. nur mit Milch und belegen Sie ihn dann mit klein geschnittenen Aprikosen und Mandelblättchen. Oder wie wäre es mit Schokoladenpudding, den Sie mit Kirschkonfitüre oder einigen gut abgetropften Kirschen aus dem Glas und mit gehackten Walnusskernen krönen? Wichtig bei allen Varianten ist, dass der Belag nicht zu feucht ist, sonst wird der Flammkuchen matschig. ««

Rezeptregister

A
Ananas
- Hüftsteaks karibische Art 102
- Karibische Rotbarbe mit Ananas 91

Ananaskonfitüre: Piña-Colada-Flammkuchen 138

Äpfel
- Apfel-Aprikosen-Schmarren 137
- Fischfilet mit grünen Bohnen 83
- Kasseler mit Apfel-Curry-Linsen 116
- Kürbissuppe mit Äpfeln und Curry 26
- Paprika-Äpfel mit Pastinaken-Mash 63

Aprikosen: Mohnpfannkuchen mit Aprikosen 132
Aprikosen, getrocknete: Apfel-Aprikosen-Schmarren 137

Auberginen
- Auberginenschnitzel mit Paprika 60
- Buntes Mittelmeergemüse mit Basilikumkäse 68
- Reis-Auberginen-Pfanne 55

Avocados
- Avocado-Linsen-Salat 19
- Jakobsmuscheln mit Tortillas 91
- Tomatensuppe mit Avocado 25

B
Beeren, gemischte: Dickmilchkaltschale mit Beeren 123

Birnen
- Bohnensuppe mit Speck und Birnen 29
- Heidelbeer-Birnen-Puffer 134

Blumenkohl-Dattel-Salat 19
Bohnen, grüne: Fischfilets mit grünen Bohnen 83

Bohnen, weiße
- Bohnensuppe mit Speck und Birnen 29
- Käseklößchen mit Bohnenragout 63

Brokkoli: Marsalaschnitzel mit Orecchiette 105
Bulgur: Gemischte Bulgur-Paella 55
Buntes Mittelmeergemüse mit Basilikumkäse 68

C/D
Chicorée: Seelachsfilets mit Chicorée 81
Couscous: Schwertfisch mit Paprika 88
Crêpes: Gefüllte Espresso-Crêpes 127
Dickmilchkaltschale mit Beeren 123

E
Eier
- Apfel-Aprikosen-Schmarren 137
- Gefüllte Espresso-Crêpes 127
- Heidelbeer-Birnen-Puffer 134
- Maisküchlein mit Meerrettichcreme 75
- Mohnpfannkuchen mit Aprikosen 132
- Pilz-Omelett mit Mozzarella 75
- Rote-Bete-Gratin mit Streuseln 71
- Schoko-Pancakes mit Pfirsichen 127
- Schwarzwälder Nudelgratin 131
- Spinat-Zwiebel-Gnocchi 71

Ente: Mandel-Entenbrust mit Spinat 119

F
Feigen: Milchreis mit Feigen 124

Fenchel
- Gerstentopf mit Fenchel 29
- Spaghetti mit Meeresfrüchten 45

Fischfilets, gemischte
- Griechisches Fischragout 83
- Thailändisches Fischcurry 96

Fischfilets mit grünen Bohnen 83
Focaccia mit zweierlei Käse 59
Forellen in Currybutter 92

Frühlingszwiebeln
- Gerstentopf mit Fenchel 29
- Lachs mit Semmeltalern 87
- Maisküchlein mit Meerrettichcreme 75
- Steckrüben mit Halloumi 67
- Tagliatelle mit Kerbel-Käse-Sauce 35
- Thailändisches Fischcurry 96

G
Garnelen
- Mais-Zuckerschoten-Salat mit Garnelen 16
- Zitronenreis mit Garnelen 52

Gebratener Paprikareis mit Lamm-Nuggets 50
Gefüllte Espresso-Crêpes 127
Gemischte Bulgur-Paella 55
Gemüsetopf mit Minze 25
Gerstentopf mit Fenchel 29
Geschnetzeltes mit Kirschen 105
Gewürzstangen mit Radieschenquark 76
Glasnudelsalat mit Sesam-Beef 20
Gnocchi: Spinat-Zwiebel-Gnocchi 71

Gorgonzola
- Focaccia mit zweierlei Käse 59
- Tortellini mit Spinat-Käse-Sauce 40

Griechisches Fischragout 83
Grieß: Orangengrieß mit Rhabarberkompott 128
Gurkengemüse mit Räuchertofu 67

H
Hähnchenbrustfilet
- Gemischte Bulgur-Paella 55
- Hähnchenschnitzel mit Pesto-Schupfnudeln 112
- Romanasalat mit Hähnchen-Saté 15

Hackfleisch
- Orientalische Hackpfanne 115
- Salbeifrikadellen mit Möhren 115

Halloumi: Steckrüben mit Halloumi 67
Heidelbeer-Birnen-Puffer 134
Hüftsteaks karibische Art 102
Hühnerleber: Radicchiosalat mit Hühnerleber 15

I/J
Involtini mit Tomatenfüllung 111
Jakobsmuscheln mit Tortillas 91

K
Kalbsschnitzel
- Involtini mit Tomatenfüllung 111
- Marsalaschnitzel mit Orecchiette 105
- Pasta »Saltimbocca« 46

Karibische Rotbarbe mit Ananas 91

Kartoffeln
- Involtini mit Tomatenfüllung 111
- Paprika-Äpfel mit Pastinaken-Mash 63
- Thunfisch mit Balsamico-Zwiebeln 84

Käseklößchen mit Bohnenragout 63
Käsespätzle italienische Art 42
Kasseler mit Apfel-Curry-Linsen 116
Kastaniensuppe mit Wildspießchen 31

Kichererbsen
- Kürbisragout mit Kichererbsen 64
- Orientalische Hackpfanne 115

Kirschen
- Gefüllte Espresso-Crêpes 127
- Geschnetzeltes mit Kirschen 105
- Schwarzwälder Nudelgratin 131

Kürbisragout mit Kichererbsen 64
Kürbissuppe mit Äpfeln und Curry 26

L
Lachs mit Semmeltalern 87
Lachsforelle mit Tomaten-Polenta 87

Lammfleisch
- Gebratener Paprikareis mit Lamm-Nuggets 50

Lammkoteletts mit Zimtnudeln 119
Linguine mit Lammragout 49
Leber-Weißbrot-Spieße 111
Linguine mit Lammragout 49
Linsen
Avocado-Linsen-Salat 19
Kasseler mit Apfel-Curry-Linsen 116
Lollo rosso mit Ziegenkäse 13

M
Maisküchlein mit Meerrettichcreme 75
Mais-Zuckerschoten-Salat mit Garnelen 16
Makkaroni ungarische Art 49
Mandel-Entenbrust mit Spinat 119
Marsalaschnitzel mit Orecchiette 105
Meeresfrüchte
Gemischte Bulgur-Paella 55
Spaghetti mit Meeresfrüchten 45
Milchreis mit Feigen 124
Mohnpfannkuchen mit Aprikosen 132
Möhren: Salbeifrikadellen mit Möhren 115
Mozzarella
Auberginenschnitzel mit Paprika 60
Käsespätzle italienische Art 42
Pilz-Omelett mit Mozzarella 75
Safrannudeln mit Mozzarella 39

O
Oliven
Reis-Auberginen-Pfanne 55
Schweinefilet mit Schafskäse 108
Spaghettini mit Tomatensauce 39
Orangengrieß mit Rhabarberkompott 128
Orientalische Hackpfanne 115

P
Paprikaschoten
Auberginenschnitzel mit Paprika 60
Gebratener Paprikareis mit Lamm-Nuggets 50
Leber-Weißbrot-Spieße 111
Paprika-Äpfel mit Pastinaken-Mash 63
Schwertfisch mit Paprika 88
Pasta »Saltimbocca« 46
Penne mit Thunfisch 45
Pesto: Hähnchenschnitzel mit Pesto-Schupfnudeln 112
Pfirsiche: Schoko-Pancakes mit Pfirsichen 127
Pilze
Geschnetzeltes mit Kirschen 105
Pilz-Omelett mit Mozzarella 75
Piña-Colada-Flammkuchen 138
Pizzateig
Focaccia mit zweierlei Käse 59
Gewürzstangen mit Radieschenquark 76
Polenta
Lachsforelle mit Tomaten-Polenta 87
Süße Polenta mit Nusskaramell 137

Q/R
Quark
Gefüllte Espresso-Crêpes 127
Gewürzstangen mit Radieschenquark 76
Schoko-Pancakes mit Pfirsichen 127
Radicchio
Radicchiosalat mit Hühnerleber 15
Spaghetti mit Radicchio 36
Radieschen: Gewürzstangen mit Radieschenquark 76
Reis
Forellen in Currybutter 92
Gebratener Paprikareis mit Lamm-Nuggets 50
Milchreis mit Feigen 124
Reis-Auberginen-Pfanne 55
Schnitzelchen mit Salsa verde 106
Zitronenreis mit Garnelen 52
Reisnudeln: Thailändisches Fischcurry 96
Rhabarber: Orangengrieß mit Rhabarberkompott 128
Rindfleisch
Glasnudelsalat mit Sesam-Beef 20
Hüftsteaks karibische Art 102
Orientalische Hackpfanne 115
Salbeifrikadellen mit Möhren 115
Steaks mit Espressopfeffer 101
Romanasalat mit Hähnchen-Saté 15
Rotbarben: Karibische Rotbarbe mit Ananas 91
Rotbarsch mit Pfefferkruste 95
Rote-Bete-Gratin mit Streuseln 71

S
Safrannudeln mit Mozzarella 39
Salbeifrikadellen mit Möhren 115
Sardinen mit Knoblauchkraut 95
Sauerkraut: Sardinen mit Knoblauchkraut 95
Schafskäse
Gerstentopf mit Fenchel 29
Reis-Auberginen-Pfanne 55
Schweinefilet mit Schafskäse 108
Schichtkäse: Buntes Mittelmeergemüse mit Basilikumkäse 68
Schnitzelchen mit Salsa verde 106
Schoko-Pancakes mit Pfirsichen 127
Schupfnudeln
Hähnchenschnitzel mit Pesto-Schupfnudeln 112
Schupfnudeln mit Mangold 72
Schupfnudeln mit Nugatsauce 131
Schwarzwälder Nudelgratin 131
Schweinefleisch
Geschnetzeltes mit Kirschen 105
Schnitzelchen mit Salsa verde 106
Schweinefilet mit Schafskäse 108

Schwertfisch mit Paprika 88
Seelachsfilets mit Chicorée 81
Semmelknödelteig: Lachs mit Semmeltalern 87
Spaghetti mit Meeresfrüchten 45
Spaghetti mit Radicchio 36
Spaghettini mit Tomatensauce 39
Spätzle
Geschnetzeltes mit Kirschen 105
Käsespätzle italienische Art 42
Spinat
Forellen in Currybutter 92
Mandel-Entenbrust mit Spinat 119
Spinat-Zwiebel-Gnocchi 71
Spinatsuppe mit Mandeln 22
Tortellini mit Spinat-Käse-Sauce 40
Steaks mit Espressopfeffer 101
Steckrüben mit Halloumi 67
Süße Polenta mit Nusskaramell 137
Süßkartoffeln: Hüftsteaks karibische Art 102

T
Tagliatelle mit Kerbel-Käse-Sauce 35
Thailändisches Fischcurry 96
Thunfisch
Penne mit Thunfisch 45
Thunfisch mit Balsamico-Zwiebeln 84
Tofu
Gurkengemüse mit Räuchertofu 67
Maisküchlein mit Meerrettichcreme 75
Tomaten
Focaccia mit zweierlei Käse 59
Hähnchenschnitzel mit Pesto-Schupfnudeln 112
Lachsforelle mit Tomaten-Polenta 87
Spaghettini mit Tomatensauce 39
Tomatensuppe mit Avocado 25
Tomaten, getrocknete: Involtini mit Tomatenfüllung 111
Tortellini mit Spinat-Käse-Sauce 40
Tortillafladen: Jakobsmuschel mit Tortillas 91

W/Z
Weichweizen: Schweinefilet mit Schafskäse 108
Wildfleisch: Kastaniensuppe mit Wildspießchen 31
Ziegenkäse: Lollo rosso mit Ziegenkäse 13
Zitronenreis mit Garnelen 52
Zucchini
Buntes Mittelmeergemüse mit Basilikumkäse 68
Gemüsetopf mit Minze 25
Zuckerschoten: Mais-Zuckerschoten-Salat mit Garnelen 16
Zwiebeln
Spinat-Zwiebel-Gnocchi 71
Thunfisch mit Balsamico-Zwiebeln 84

Rezeptregister (nach Zubereitungszeit)

Fertig in 15 Minuten

Avocado-Linsen-Salat 19
Blumenkohl-Dattel-Salat 19
Bohnensuppe mit Speck und Birnen 29
Käsespätzle italienische Art 42
Orangengrieß mit Rhabarberkompott 128
Orientalische Hackpfanne 115
Romanasalat mit Hähnchen-Saté 15
Spaghettini mit Tomatensauce 39
Tagliatelle mit Kerbel-Käse-Sauce 35
Tomatensuppe mit Avocado 25
Tortellini mit Spinat-Käse-Sauce 40

Fertig in 20 Minuten

Buntes Mittelmeergemüse mit Basilikumkäse 68
Dickmilchkaltschale mit Beeren 123
Gemüsetopf mit Minze 25
Glasnudelsalat mit Sesam-Beef 20
Gurkengemüse mit Räuchertofu 67
Hähnchenschnitzel mit Pesto-Schupfnudeln 112
Lollo rosso mit Ziegenkäse 13
Maisküchlein mit Meerrettichcreme 75
Mais-Zuckerschoten-Salat mit Garnelen 16
Makkaroni ungarische Art 49
Milchreis mit Feigen 124
Mohnpfannkuchen mit Aprikosen 132
Pasta »Saltimbocca« 46
Penne mit Thunfisch 45
Pilz-Omelett mit Mozzarella 75
Piña-Colada-Flammkuchen 138
Radicchiosalat mit Hühnerleber 15
Reis-Auberginen-Pfanne 55
Rotbarsch mit Pfefferkruste 95
Safrannudeln mit Mozzarella 39
Sardinen mit Knoblauchkraut 95
Seelachsfilets mit Chicorée 81
Spaghetti mit Meeresfrüchten 45
Spaghetti mit Radicchio 36
Spinatsuppe mit Mandeln 22
Spinat-Zwiebel-Gnocchi 71
Steaks mit Espressopfeffer 101
Süße Polenta mit Nusskaramell 137
Thailändisches Fischcurry 96

Fertig in 25 Minuten

Apfel-Aprikosen-Schmarren 137
Gebratener Paprikareis mit Lamm-Nuggets 50
Gefüllte Espresso-Crêpes 127
Geschnetzeltes mit Kirschen 105
Griechisches Fischragout 83
Heidelbeer-Birnen-Puffer 134
Involtini mit Tomatenfüllung 111
Jakobsmuscheln mit Tortillas 91
Karibische Rotbarbe mit Ananas 91
Käseklößchen mit Bohnenragout 63
Kasseler mit Apfel-Curry-Linsen 116
Kastaniensuppe mit Wildspießchen 31
Kürbisragout mit Kichererbsen 64
Kürbissuppe mit Äpfeln und Curry 26
Lachsforelle mit Tomaten-Polenta 87
Lammkoteletts mit Zimtnudeln 119
Leber-Weißbrot-Spieße 111
Linguine mit Lammragout 49
Mandel-Entenbrust mit Spinat 119
Paprika-Äpfel mit Pastinaken-Mash 63
Rote-Bete-Gratin mit Streuseln 71
Salbeifrikadellen mit Möhren 115
Schnitzelchen mit Salsa verde 106
Schoko-Pancakes mit Pfirsichen 127
Schupfnudeln mit Mangold 72
Schupfnudeln mit Nugatsauce 131
Schwertfisch mit Paprika 88
Steckrüben mit Halloumi 67

Fertig in 30 Minuten

Auberginenschnitzel mit Paprika 60
Fischfilets mit grünen Bohnen 83
Focaccia mit zweierlei Käse 59
Forellen in Currybutter 92
Gemischte Bulgur-Paella 55
Gerstentopf mit Fenchel 29
Gewürzstangen mit Radieschenquark 76
Hüftsteaks karibische Art 102
Lachs mit Semmeltalern 87
Marsalaschnitzel mit Orecchiette 105
Schwarzwälder Nudelgratin 131
Schweinefilet mit Schafskäse 108
Thunfisch mit Balsamico-Zwiebeln 84
Zitronenreis mit Garnelen 52

Appetit auf mehr?

www.gu.de: Blättern Sie in unseren Büchern, entdecken Sie wertvolle Hintergrundinformationen sowie unsere Neuerscheinungen.

Impressum

Die Autorin:
Angelika Ilies ist seit vielen Jahren als freie Autorin und Food-Journalistin tätig und hat bei GU schon etliche erfolgreiche Kochbücher geschrieben. Sie liebt die schnelle, unkomplizierte Küche und überrascht ihre Familie gern mit immer neuen Kreationen, die in Rekordzeit auf dem Tisch stehen. Da sie aus eigener Erfahrung weiß, dass der Einkauf oft stressiger ist als das Kochen, hat sie für keines der neuen Rezepte mehr als zehn Zutaten verwendet.

Der Fotograf:
Thorsten Suedfels lebt als freier Fotograf in Hamburg und fotografiert vor allem Food und Stills für Magazine, Verlage und Agenturen. Unterstützt wird er dabei meist von Pia Westermann (Foodstyling) und Dörthe Schenk (Styling), mit denen er auch die Gerichte in diesem Buch in Szene gesetzt hat. Als Familienvater, der gern am Herd steht, hat er viele der schnellen Rezepte mit Begeisterung selbst ausprobiert.

Umwelthinweis:
Dieses Buch ist auf PEFC-zertifiziertem Papier aus nachhaltiger Waldwirtschaft gedruckt.

Bildnachweis:
Alle Fotos: Thorsten Suedfels

Titelrezepte:
Tomatensuppe mit Avocado (Seite 25), Hähnchenschnitzel mit Pesto-Schupfnudeln (Seite 112), Tortellini mit Spinat-Käse-Sauce (Seite 40), Lollo rosso mit Käse-Ciabatta (Variante, Seite 13)

Projektleitung: Kathrin Ullerich
Lektorat: Katharina Lisson
Korrektorat: Petra Bachmann
Umschlag und Gestaltung: independent Medien-Design, Horst Moser, München
Herstellung: Renate Hutt
Satz: Christopher Hammond
Repro: Longo AG, Bozen
Druck: Firmengruppe APPL, aprinta druck, Wemding
Bindung: Firmengruppe APPL, sellier druck, Freising

Syndication:
www.jalag-syndication.de

© 2012 GRÄFE UND UNZER VERLAG GmbH, München

Alle Rechte vorbehalten. Nachdruck, auch auszugsweise, sowie Verbreitung durch Film, Funk, Fernsehen und Internet, durch fotomechanische Wiedergabe, Tonträger und Datenverarbeitungssysteme jeglicher Art nur mit schriftlicher Genehmigung des Verlags.

ISBN 978-3-8338-2737-2
1. Auflage 2012

 www.facebook.com/gu.verlag

GRÄFE UND UNZER
Ein Unternehmen der
GANSKE VERLAGSGRUPPE

Unsere Garantie
Alle Informationen in diesem Ratgeber sind sorgfältig und gewissenhaft geprüft. Sollte dennoch einmal ein Fehler enthalten sein, schicken Sie uns das Buch mit dem entsprechenden Hinweis an unseren Leserservice zurück. Wir tauschen Ihnen den GU-Ratgeber gegen einen anderen zum gleichen oder ähnlichen Thema um.

Liebe Leserin und lieber Leser,
wir freuen uns, dass Sie sich für ein GU-Buch entschieden haben. Mit Ihrem Kauf setzen Sie auf die Qualität, Kompetenz und Aktualität unserer Ratgeber. Dafür sagen wir Danke! Wir wollen als führender Ratgeberverlag noch besser werden. Daher ist uns Ihre Meinung wichtig. Bitte senden Sie uns Ihre Anregungen, Ihre Kritik oder Ihr Lob zu unseren Büchern. Haben Sie Fragen oder benötigen Sie weiteren Rat zum Thema? Wir freuen uns auf Ihre Nachricht!

Wir sind für Sie da!
Montag–Donnerstag:
8.00–18.00 Uhr;
Freitag: 8.00–16.00 Uhr
Tel.: 0180-5005054*
Fax: 0180-5012054*
E-Mail:
leserservice@graefe-und-unzer.de

PS: Wollen Sie noch mehr Aktuelles von GU wissen, dann abonnieren Sie doch unseren kostenlosen GU-Online-Newsletter und/oder unsere kostenlosen Kundenmagazine.

GRÄFE UND UNZER VERLAG
Leserservice
Postfach 86 03 13
81630 München

*(0,14 €/Min. aus dem dt. Festnetz/Mobilfunkpreise maximal 0,42 €/Min.)